한국을 대표하는 교리 설교 전문가인 정찬도 목사님의 『다음세대를 위한 교리특강』은 기독교 교리의 핵심을 다음 세대에게 전달하는 탁월한 안내서입니다. 저자는 수년간의 청소년 사역 경험을 바탕으로, 복잡하고 어려운 교리적 개념들을 젊은 세대의 눈높이에 맞춰 쉽고 재미있게 풀어냅니다. 특히 실제 청소년들과의 대화를 통해 그들의 의문과 고민을 솔직하게 다루면서, 교리가 단순한 지식이 아닌 삶과 연결된 진리임을 보여줍니다.

또한 이 책은 단순히 청소년뿐 아니라 교회학교 교사들과 부모님들, 나아가 평신도들에게도 기독교 교리의 핵심을 명쾌하게 이해하고 전달하는 데 큰 도움이 될 것입니다. 저자의 풍부한 목회 경험과 통찰이 녹아든 설명들은 독자로 하여금 '아하!' 하는 깨달음의 순간들을 선사할 것입니다.

무엇보다 이 책의 가장 큰 장점은 교리 교육의 본질, 즉 하나님을 더 깊이 알고 사랑하게 되는 것에 초점을 맞추고 있다는 점입니다. 단순한 지식 전달을 넘어 신앙의 본질을 추구하도록 이끄는 저자의 열정이 책 전체에 녹아있습니다.

다음 세대를 위한 교회 교육을 고민하는 모든 분들에게 이 책을 진심으로 추천합니다. 이 책은 우리의 다음 세대가 흔들리지 않는 신앙의 기초를 세우는 데 크게 기여할 것입니다.

배아론_ 고신대, 신학과 교수

한국교회의 주목받는 목회자로서 사역 현장의 실제적인 문제를 시의적절하게 살펴주는 정찬도 목사님의 감각이 이번 『다음세대를 위한 교리특강』에서도 잘 드러납니다.

이 책은 다음 세대가 신앙에 대해 궁금해할 수 있는 본질적이고 난해한 문제들을 간결하면서도 깊이 있게 설명하고 있습니다. 바쁜 목회 사역 가운데도 성실하게 자료를 연구하고 정성스럽게 글로 빚어 놓은 저자의 수고를 통해 한국교회의 다음세대들 그리고 그들을 섬기는 모든 목회자 및 교사들은 '정돈

된 믿음이 주는 안정감과 평안함의 기쁨을 크게 누릴 수 있을 것입니다. 더불어 정목사님의 비범(非凡)함과 따뜻한 배려가 담긴 이 책이 많은 사람들에게 귀한 안내자가 될 것이라 확신합니다.

교리교육을 고민하고 있는 모든 이들에게 이 책을 강력하게 추천합니다.

이현철_ 고신대, 기독교교육학 교수

성경 혹은 기독교에 관한 누군가의 질문에, 머리를 긁적여본 경험이 있을 것입니다. 자신 있게 말하지 못하는 스스로에게 답답했던 적이 있을 것입니다. 우리는 내가 믿는 기독교를 늘 자신 있게 말할 수 있어야 합니다(벧전 3:15). 그러나 대부분은 쉽게 말하지 못합니다. 기초적인 질문에도 주뼛주뼛해합니다. 잘 모르기 때문입니다. 교리를 알아야 합니다. 성경과 기독교 신앙의 핵심을 요약한 교리는 알고 믿고 말하게 만듭니다. 교리를 알면 성경을 바르게 이해할 수 있고, 성경을 보는 눈이 달라집니다. 다음세대에게 교리를 가르쳐야 합니다. 어릴 때부터 성경을 보는 안목과 기독교를 증거 할 수 있는 힘을 길러 주어야 합니다. 이를 위해 부모세대는 충분히 그리고 깊이 알아야 합니다. 이 책은 그런 필요를 채워줍니다.

이 책은 저자의 오랜 경험이 농축되어 있습니다. 누구나 한 번쯤 받았을 질문과 답이 다 담겨 있습니다. 다음세대에 대한 고민과 안타까움도 담겨 있습니다. 무거움이나 딱딱함은 보이지 않습니다. 각 장은 누구나 궁금해할 만한 질문에서 출발하여 쉽게 이해할 수 있는 대답으로 마칩니다.

저자 정찬도 목사는 마음이 따뜻하며 사람을 사랑하는 분입니다. 신학교 시절에는 자기가 공부한 것을 친구들에게 즐겁게 나눠주는 사람이었습니다. 이 책은 독자를 향한 사랑을 담은 자신의 경험 나눔집입니다. 정 목사의 귀한 나눔을 기쁘게 받으셔서 다음세대 교육에 큰 유익이 있기를 바랍니다.

손재익_ 한길교회 담임 목사
『사도신경, 12문장에 담긴 기독교 신앙』 저자

'국영수 교과서 중심으로 예습/복습 철저히 하고 학원에는 다니지 않았습니다' 과거 서울대 합격자들의 단골 인터뷰입니다. 이것이 정말 최고 학부에 입학할 수 있는 비결인지는 의문이지만 확실한 건 교과서를 마스터한 학생이 좋은 성적을 얻을 수 있다는 사실입니다. 좋은 그리스도인도 마찬가지입니다. 진리의 성경을 신뢰하고 잘 배운 사람이 진정한 그리스도인으로 살아갈 수 있습니다.

안타깝게도 성경의 분량이 만만치 않습니다. 그래서 교리가 필요합니다. 시험 준비할 때 핵심 요약집을 중심으로 주요 공식을 외우는 것처럼, 교리는 성경의 주요한 가르침을 멋지게 요약해 전하는 훌륭한 도구입니다.

네덜란드에서 교리를 전공한 학자이자 풍부한 현장 경험을 가진 목회자 정찬도 목사가 지은 이 책이 얼마나 반가운지 모릅니다. 혼자 읽어도, 삼삼오오 함께 읽고 나누어도, 교회 교육부서에서 강의 교재로도 손색이 없습니다. 가정과 교회의 다음 세대를 말씀으로 세우기 원하는 분과 진리 안에 자라기 원하는 모든 청소년들에게 이 책을 기꺼이 마음 다해 추천합니다.

문지환_ 제8영도교회 담임 목사
『메타 내러티브로 읽는 성경 : 하나님 나라 이야기』 저자

다음세대 교육의 중요성이 강조되면서, 이와 관련된 책들도 많이 출간되고 있습니다. 참 기쁜 소식입니다. 더더욱 기쁜 소식은 교리 전문가이신 정찬도 목사님께서 다음 세대를 위한 교리 교재를 출간했다는 사실입니다. 저는 정찬도 목사님이 아이들을 대상으로 교리를 가르치는 모습을 오랫동안 지켜봤습니다. 정찬도 목사님이 이 분야의 고수라는 사실을 누구보다 잘 알고 있습니다. 실제로 이 책 『다음세대를 위한 교리특강』에서는 고수의 흔적을 어렵지 않게 찾아볼 수 있습니다. 난해한 주제를 쉽게 풀어내는 능력, 중요한 교리를 명료하게 전달하는 능력은 타의 추종을 불허합니다. 특히 이 책에는 정찬도 목사님의 현장 경험이 생생하게 담겨 있습니다. 정찬도 목사님이 직접 경험한

에피소드들이 가득합니다. 그래서 책장이 술술 넘어갑니다. 저는 주일학교 교역자와 교사들에게 이 책을 권합니다. 이 책을 정독한다면 앞으로 아이들에게 교리를 가르치는 것이 더 이상 어렵게 느껴지지 않을 것입니다.

김태희_ 비전교회(구포) 담임 목사, 『성도를 위한 365 통독주석』 저자

다음세대를 위한 교리특강

지우

겸손하고 선한 그리스도인들을 위한
좋은 책을 만듭니다.

다음세대를 위한 교리특강

초판 발행 2024년 8월 14일

지은이 정찬도
펴낸이 박지나
펴낸곳 지우
출판등록 2021년 6월 10일 제399-2021-000036호
이메일 jiwoopublisher@gmail.com
인스타그램 instagram.com/jiwoopub
페이스북 facebook.com/jiwoopublisher
유튜브 youtube.com/@jiwoopub

ISBN 979-11-93664-05-6 03230

* 이 책에 나오는 모든 웨스트민스터 대교리문답 및 신앙고백서, 하이델베르크 교리문답 본문은 출판사 〈그 책의 사람들〉에서 번역한 본문을 사용했습니다. 해당 전문은 https://cafe.naver.com/thepeopleofthebook에서 누구나 보실 수 있습니다. 또한 『웨스트민스터 신앙고백 노트』(웨스트민스터 총회, 2018), 『웨스트민스터 대교리문답 노트』(웨스트민스터 총회, 2017), 『하이델베르크 교리문답 – 휴대 암송용』(자카리아스 우르시누스, 2020)을 통해서도 보실 수 있습니다.

"다음세대를 위한 교리특강"

정찬도

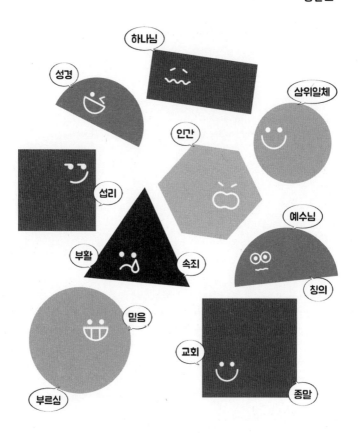

지우

† 롬 10:17

그러므로 믿음은 들음에서 나며 들음
은 그리스도의 말씀으로 말미암았느
니라

우리에게는 신앙생활을 시작한 이후로 지금까지 늘 마음에 품고 있는 고민거리가 하나 있습니다. 그것은 바로 '어떻게 하면 하나님 앞에서 지금보다 더 나은 그리스도인이 될까', '어떻게 살아야 하나님나라에 유익을 끼칠 수 있을까'입니다. 흔히들 하나님께서는 준비된 자를 준비된 만큼 사용하신다고 하셨는데, 그렇다면 뭘 어떻게 얼마나 준비해야 하는지, 그리고 도대체 준비된다는 것은 무엇인지 우리는 늘 고민합니다.

하지만 그와 같은 커다란 질문들에 답을 찾기 위해서 우리가 먼저 해결해야 할 숙제가 있습니다. 하나님께서 우리에게 주신 성경이 이 질문들에 대해 무엇이라고 말하고 있는지를 아는 것입니다. 사실 가장 기초적인 질문을 해도 대답을 잘 못하는 것은 우리 교회가 가지고 있는 고질적인 문제라

할 수 있습니다. '성경이 기록된 목적은 무엇일까요?', '하나님이 삼위일체로 존재한다는 말은 무슨 뜻일까요?', '왜 예수님께서 인간이 되셔야 했나요?', '구원이란 무엇일까요?', '믿음이란 무엇일까요?' 등의 질문들 말입니다.

우리는 이와 같은 질문들을 숱하게 들어왔고 공부해 왔습니다. 그런데 보통 이런 질문들이 주어질 때 사람들에게 나타나는 흔한 모습이 있습니다. 먼저는 서로 눈치 보기 바쁩니다. 이후 이렇게 대답합니다. '들으면 알 것 같기도 하고, 혀끝에서 맴도는 거 같은데 … 맞는지 틀린지는 자신이 없네요.' 사실 이와 같은 대답은 모른다고 보아야 합니다. 오래도록 교회를 다니며 교사로 혹은 중직자로 교회를 섬겨 오신 분들도 예외가 없습니다.

왜 들으면 아는데도 스스로 대답을 못할까요? 믿음은 들음에서 나는데, 들음에서만 머물러 버린 것입니다. 바로 이 문제를 해결해야 합니다. 우리는 성도들의 들음에만 머물러 있는 신앙을 입술로 옮기고, 삶으로 옮겨야 합니다. 그러기 위해서 우리에게 최우선적으로 필요한 작업이 바로 성경의 핵심 진리를 정리해 놓은 교리를 교육하는 일입니다.

한번 생각해 봅시다. 마태복음 16장에서 가이사랴 빌립보로 가시던 예수님께서 제자들에게 물었던 질문이 무엇이었을까요? "너희는 나를 누구랴 하느냐?"였습니다. 예수님께

열광하고, 가는 마을마다 소문을 듣고 그를 만나고자 했던 수많은 자들의 입에서 나온 말이 "예수님은 세례 요한입니다. 엘리야입니다. 예레미야나 선지자 중 한 사람입니다"였습니다. 그들이 오병이어를 경험하고, 치유의 역사를 경험하고, 예수님께서 그 권위 있는 말씀으로 모든 시험들을 지혜롭게 이겨내심을 보았음에도 불구하고, 그들에게 예수님은 그토록 원했던 오실 메시아가 아니었던 것입니다. "너희는 나를 누구라 하느냐?" 예수님의 이 질문은 제자들의 대답이 수많은 무리들의 대답과 같은지 다른지를 묻는 질문이었습니다. 제자로 부름 받은 너희는, 세상 모든 사람들이 너희가 내 제자인 줄 아는 너희는 나에 대해서 어떻게 고백하느냐고 물으시는 것입니다. 그들의 입술을 통해 그들의 고백을 듣기 원하시는 것입니다.

우리 역시 '들으면 알 것 같은데 막상 내가 말하려니 잘 모르겠다'라는 대답이 공감된다면, 그것은 바로 들음에서 시작된 우리의 믿음이 내 마음속에서 정리가 되고, 나 자신의 입술로 다시 나에게 들려지고, 자녀들에게 들려지고, 주변 사람들에게 들려지는 일을 반복하지 않았기 때문입니다.

보다 근본적으로는 자신이 믿는 바에 대해 제대로 정리하지 못했기 때문입니다. 더 구체적으로 말하면 내가 믿는 바가 무엇인지도 잘 모르고 교회 생활을 한다는 것입니다. 그러니 당연히 우리 자녀들에게 부모로서 신앙을 유산으로 물려준다고 할 때에, 경건의 능력이 아닌 경건의 모양만 전해줄 것입니다. '목사님! 우리 애가 어렸을 때는 정말 착하게 교회 잘 다녔는데, 사춘기 접어들면서, 군대 갔다 온 뒤로, 친구들한테 상처받은 후로 교회를 안 가네요'라는 말은 경건의 능력도 모양도 상실한 자녀들을 둔 부모의 한탄입니다.

하지만 우리의 자녀들이 어렸을 때에 믿었던 복음이 그들이 자라나는 동안 바뀌었을까요? 혹시 시대가 급변하면서 다른 복음이 되어버렸을까요? 결코 그렇지 않습니다. 복음은 그때나 지금이나 동일합니다. 이천 년 전이나 지금이나 동일합니다. 비록 우리가 우리의 두 눈으로 예수 그리스도의 십자가를 직접 보지 못했다 하더라도, 그 십자가에서 찢겨진 살과 흘리신 피의 능력은 여전히 변함이 없습니다. 복음은 동일한데, 복음을 향한 하나님의 마음도 변하지 않았는데, 복음에 나타나는 하나님의 능력도 여전한데, 왜 아이들은 교회를 떠날까요? 여전히 전 세계 곳곳에서 복음의 능력이 사람을 변화시키고 그가 완전히 다른 인생을 살게 하는데, 왜 우리 아이들은 교회를 떠날까요?

물론 적지 않은 부모들이 '예수님 잘 믿어라… 교회 열심히 다녀라…'라고 말은 합니다. 하지만 딱 거기까지입니다. 집에서의 그리스도인 부모와 교회에서의 그리스도인 부모가 너무

다르다는 말입니다. 더 심각한 것은 적지 않은 아이들이 부모로부터 자신의 부모님이 믿는 하나님은 어떠한 분이신지, 부모님이 자신의 입술로 고백하는 하나님의 은혜는 어떠한 것인지, 부모님이 세상에서 하나님의 영광을 위해 무엇을 포기하고 무엇을 선택하고 살고 있는지, 그에 대해 대부분 듣지 못합니다. 이렇듯 가정과 교회에서 보이는 부모님의 모습이 다른 것이 커다란 문제 중 하나입니다. 부모님들께서 자신을 향한 신앙 고백 훈련이 잘 안 되어 있다 보니, 그들의 자녀들에게도 그 신앙을 가르치지 못합니다.

오늘날의 부모들이 하는 역할이 무엇일까요? 위탁입니다. 공부는 학교와 학원에 위탁하고, 신앙은 교회에 위탁합니다. 교역자들에게 '목사님! 우리 아이 신앙 교육 잘 부탁드립니다! 교회는 어떻게 해서든 우리가 보내겠습니다. 아직 믿음이 없고 구원의 확신이 없는 이 아이를 잘 부탁드립니다'라고 말하면서요. 물론 교역자들이 신앙 교육에 있어서 책임감을 가지고 있어야 합니다. 그리고 그 한 영혼 한 영혼을 위해서 눈물로 기도하고, 어떻게 해서든 신앙이 깊어지고 그 안에서 자라도록 최선을 다해야 합니다. 하지만 현실적으로 여러 명의 학생들을 일주일에 한두 번 만난다고 얼마나 깊은 대화와 상담을 할 수 있을까요? 그들과 얼마나 진실된 신앙 이야기를 나눌 수 있을까요? 매주일 결석하지 않고 교회를 나오는 아이들이나, 부서 활동을 하는 아이들은 그나마 다행이지만, 시험 기간만 되면 한 달 이상 나오지 않는 아이들, 그런 식으로 1년에 1/3은 교회를 나오지 않는 아이들에게 어떻게 신앙을 제대로 가르칠 수 있을까요?

우리는 다음세대의 신앙 교육에 있어서 우리 부모들의 역할이 어떠해야 하는지에 집중해야 합니다. 오히려 부모들에게 더 많은 역할이 있다는 사실을 반드시 인지해야 합니다. 그래야 다음세대인 우리 아이들과 더 많은 시간을 보낼 수 있고, 그 누구의 눈치를 볼 필요도, 비교될 필요도 없는 대화의 장을 우리 가정에서 마련할 수 있기 때문입니다. 나의 인생을 송두리째 바꿔 놓은 그 복음을 가정에서부터 가르쳐야 합니다. 나의 삶을 보다 풍요롭게 만들어 놓은 그 복음의 은혜를 가정에서부터 가르쳐야 합니다. 바로 이 귀한 신앙의 유산을 잘 전수하기 위해서, 다음세대를 온전히 세우는 일을 위해서, 우리가 무엇을 믿고 어떻게 살 것인지를 먼저 듣고 배우는 일에 힘써야 합니다.

우리는 무엇을 믿을 것인지 그리고 어떻게 살 것인지를 평생 고민하며 살게 될 것입니다. 내가 믿는 바가 무엇인지를 제대로 알아야 어떻게 살 것인가에 대한 방향이 나오기 때문입니다. 내가 믿는 하나님을 제대로 알아야 어떻게 믿음을 실천할지를 올바르게 고민할 수 있습니다. 따라서 부모는 우리가 믿는 바를 어떻게 이해하고 고백할 것인지 함께 고민해야 합니다. 배우고 고민한 내용을 자녀들에게 가르쳐야 합니다. 그리고 자라나는 다음세대들은 그 자신이 무엇을 믿어야 하는지 듣고 아는 일에 힘써야 합니다.

　이 책은 앞서 언급한 고민을 바탕으로 쓰였습니다. 여태껏 아이들과 교리교육을 진행하는 가운데 그들이 던졌던 질문과 나누었던 대화들을 떠올리며 그들에게 설명했던 내용들을 정리해 담아보았습니다. 부디 이 책이 교리를 보다 쉽고 생생하게 가르치기 위해 고민하는 부모님과 교사분들께 작은 도움이 되길 바랍니다.

4문: 성경이 하나님의 말씀이라는 것을 어떻게 알 수 있습니까?

답: 성경은 그 장엄함과[1] 순수성,[2] 모든 부분의 일치,[3] 모든 영광을 하나님께 돌리는 성경 전체의 의도,[4] 믿는 자들이 구원에 이르도록 위로하고 세우는 것과, 죄인들을 깨닫게 하고 회심하게 하는 빛과 권능에 의해, 스스로 하나님의 말씀이라는 것을 분명하게 나타냅니다.[5] 그러나 사람의 마음속에서 성경과 함께, 또 성경으로 말미암아 증거하시는 하나님의 성령만이 성경이 참으로 하나님의 말씀임을 온전히 설득하실 수 있습니다.[6]

1) 호 8:12; 고전 2:6-7, 13; 시 119:18, 시 129. **2)** 시 12:6; 시 119:140. **3)** 행 10:43; 행 26:22. **4)** 롬 3:19, 27. **5)** 행 18:28; 히 4:12; 약 1:18; 시 19:7-9; 롬 15:4; 행 20:32. **6)** 요 16:13-14; 요1 2:20, 27; 요 20:31

"성경은 왜 하나님의 말씀일까요?"

성경은 왜 하나님의 말씀일까요? 결론부터 말하면, 성경이 스스로 하나님의 말씀임을 증거하고 있기 때문입니다.

> "아! 그건 순환논리 아닌가요?"

한 아이가 질문을 하자, 이어서 아이들이 장난스럽게 말을 이어갔습니다.

> "나는 미남이다. 왜냐하면 내가 미남이라 증거하기 때문이다."
> "나는 천재다. 왜냐하면 내가 천재라 말하기 때문이다."
> "목사님! 그런데 OO는 모쏠이다. 왜냐하면 내가 OO가 모쏠임을 알기 때문이다. 이런 게 증거 아닌가요?"

성경 그 자체가 하나님의 말씀임을 증거한다는 순환논리에 대한 지적에 올바른 대답은 무엇일까요? 성경이 성경을 증거한다는 것은 순환논리가 맞습니다. 하지만 성경이 하나님 말씀임을 하나님보다, 혹은 하나님의 말씀보다 더 권위 있고 더 높은 기준에서 우리에게 제시하여 주는 것은 아무것도 없습니다. 그렇기 때문에 순환논리로밖에 답할 수 없습니다.

우리는 하나님의 권위에 근거해서 성경을 하나님의 말씀으로 인정하고 믿음으로 읽는 것이 중요합니다. 예전에는 교회 학생들에게 주로 성경을 선물했습니다. 그 성경을 받아든 아이들은 세례를 받기 전까지 1년 1독을 목표로 정말 열심히 성경을 읽곤 했습니다. 왜 그랬을까요? 성경 1독을 해야 세례를 받을 수 있었기 때문입니다. 제가 세례를 받을 당시 담임목사님께서는 세례문답 시취(試取) 때 항상 첫 질문으로 이것을 물었습니다.

"성경은 1독 했니?"
"신약만 1독 했습니다."
"구약까지 다 읽고 다음에 와라"

그때 당시에는 최소한 세례를 받기 위해 성경은 1독해야 한다는 원칙이 있었고, 그래서 모든 문답자들은 사전에 성경

1독은 했어야 했습니다.

그렇다면 오늘날의 우리는 성경을 잘 읽고 있습니까? 성경을 하나님의 말씀으로 받아들이는 우리는 하나님께서 무엇을 말씀하고 계신지를 알고자 하는 마음에 늘 성경을 가까이 하고 있을까요? 진실로 우리는 그러해야 합니다.

하지만 세상 사람들은 '그건 교회가 만들어낸 책 아냐?'라고 말합니다. 심지어 신은 없다고 여기는 무신론적 풍토 가운데 성경은 한낱 종교서적으로 전락해 버렸습니다.

저는 예전에 중등부 아이들을 대상으로 세례 교육을 시키면서 다음과 같이 물었습니다.

"성경은 누가 지었어?"

그러자 한 아이가 손을 번쩍 들더니 성경을 뒤적거리며 대답하기 시작했습니다.

"잠시만요. 잠시만요. 보자... 어, 김 아무개 목사님이요."
"뭐?"
"여기 있네요. 주소도 친절하게 적혀 있네요. 서울시 강남구~"

그 아이는 성경책 앞에 표기되어 있는 출판 내용을 보고

답했던 것입니다. 왜 그렇게 생각했냐고 물으니 성경도 책이니까 누군가가 교회용으로 만든 것으로 생각했다고 말했죠.

그런데 이 아이들의 추측은 교회 역사 속에서도 성경을 부인하는 자들을 통해서 끊임없이 제기되어 왔습니다. 성경은 교회 다니는 사람들이 자기들을 위해 만들어낸 책이라는 것입니다. 만약에 아이들이

"성경은 지어낸 이야기지~ 그냥 교회에서 보는 종교 서적이야!"

라고 말한다면, 우리는 어떻게 대답을 해야 할까요? 그것에 대답을 할 수 있어야 우리가 성경이 하나님의 말씀임을 증거 할 수 있지 않을까요?

먼저 사람들은 성경은 역사적 사실과 다르다며 그 성경의 진위성을 거부하는데, 과연 그러할까요? 어떤 사람들은 다니엘서에 나타나는 벨사살 왕이나 느헤미야에 나타나는 산발랏 같은 사람들은 실존하지 않는 인물이라고 비판합니다. 극적인 효과를 위해 만들어지고 꾸며진 존재라는 것이죠. 이에 대해 교회는 한동안 대답을 못했습니다. 하지만 최근의 고고학적 발굴을 통해 벨사살의 통치 사실이 드러났고, 느헤미야 시대의 산발랏 역시도 실존 인물로 증명되었습니다.

누가복음 3장 1절을 보면 역사적 사실이 엄청나게 많이

언급되고 있는데, "디베료 황제(1)가 통치한 지 열다섯 해(2) 곧 본디오 빌라도가(3) 유대(4)의 총독(5)으로, 헤롯(6)이 갈릴리(7)의 분봉왕(8)으로, 그 동생 빌립(9)이 이두래(10)와 드라고닛(11) 지방의 분봉 왕(12)으로, 루사니아(13)가 아빌레네(14)의 분봉 왕(15)으로…"라고 되어 있습니다. 이곳에는 무려 15개의 역사적 사실이 언급되어 있습니다. 더 놀라운 것은 이 모두 역사적 사실과 완전히 일치한다는 사실입니다.

또 다른 사람들은 이런 말을 하기도 합니다.

"예수님에 대한 책인 성경은, 오실 예수님을 다룬 구약과 오신 예수님을 다룬 신약으로 구성되어 있는데 정작 그 예수님이 가짜야!"

다른 종교들과 마찬가지로 후대의 사람들이 자신들의 세력을 위해 만들어낸 것이라는 말입니다.

20세기 초에 예수 그리스도께서 역사 속 실존인물이었다는 사실 자체가 완전히 흔들릴 때가 있었습니다. 예수님이 제거되면 무엇이 제거될까요? 성경 자체가 사라져버리게 됩니다. 성경은 오실 예수님과 오신 예수님을 말하고 있고, 그 핵심 내용과 인물이 바로 예수님이기 때문에 예수님이 제거되면 성경이 말하고자 하는 메시지가 사라져버리게 되는 것입니다. 이런 논쟁으로 인해 교회가 존폐 위기에 놓였을 때, 하나님께서는 우리의 상황과 현실을 뛰어넘는 방식으로 그리스도의 실존을 증거하셨습니다. 예상치 못한 가운데 발견된 사해 사본으로 인해 기독교는 그 위기를 이겨낼 수 있었습니다.

사해 사본의 발견은 참으로 놀라운 일이었습니다. 한 양치기가 자신의 잃어버린 양을 찾다가 '아… 저곳에 양이 있나'하며 멀리 보이는 동굴을 향해 있는 힘껏 돌을 던졌습니다. 그러면 겁 많은 양이 돌 소리를 듣고 놀라 튀어나오겠지 하는 생각이었습니다. 그런데 소년의 귀에 들린 소리는 놀란 양의 울음소리가 아니라 '쨍그랑'하는 소리였고, 그곳에서 발견한 것은 항아리 아홉 개였습니다. 보물을 생각하며 부푼 가슴으로 열어 봤더니, 그 항아리 안에는 보물이 아닌 양피지두루마리가 있었습니다. 하지만 이것이 진짜 보물인 '사해 사본'이었습니다. 그 항아리에 들었던 사해 사본은 20세기 중반까지 가장 오래된 구약성경 사본인 930년의 '알렙포 사본'이나 1008년의 '레닌그라드 사본'보다 무려 천년이나 일찍 기록된 성경이었습니다. 특별히 구약의 이사야서에 나타나는 고난 받는 종이요 오실 메시아에 대한 말씀이 현대의 성경과 동일한 내용으로 완벽하게 보존되어 있었으니, 메시아로 오신 예수님에 대한 내용은 후대에 삽입되었다거나 예수님은 가짜라는 모든 비판들을 단숨에 침묵시켰습니다.

우리는 어딘가에 단 한 번만 언급이 되어도 그 역사성에 대해 신뢰를 저버리지 않습니다. 조선왕조실록 중종실록에 나오는 대장금은 몇 번 언급되지 않았으니 그녀를 없는 인물로 보면 될까요? 아닙니다. 단 한번 등장한다 하더라도 우리는 역사가 그것을 기록하고 있기 때문에 그것을 사실로 받아들입니다.

성경에도 동일한 원리를 적용해야 합니다. 신약 성경의 경우 1,000년이라는 시간 동안 무려 10,000개에 다다르는 사본의 수를 가지고 있습니다. 구약성경은 부분 필사본까지 합쳐서 10,000개가 넘습니다. 그리고 그 내용이 역사적인 사실들과 일치하고 있다면, 성경을 더 많이 인정해야 하지 않을까요? 이 설명을 들은 아이들은

"맞네요! 성경이 가짜면 다른 것들도 다 가짜여야지.
성경이 더 진짜네"

라는 반응들을 보였습니다.

이렇게 외적 요소들에 따른 증거들을 살펴보았다면, 지금부터는 성경의 내적 요소들에 의한 그 증거를 살펴보겠습니다.

저는 가끔씩 부모님들과 대화를 하면서 깜짝 놀랄 때가 있습니다. 부모님께서 아이들에게 좋은 말씀을 해주셔서 감사하다고 하시는데, 놀라운 것은 제가 그런 말을 한 적이 없

다는 것입니다. 저는 그럴 때마다 '제가 그렇게 설교했답니까?'라고 하며 그냥 웃고 맙니다. 방금 들었던 설교이지만, 아이들은 자신들의 기억과 말로 부모님께 그것을 전달하는 것입니다. 그렇다면 성경은 어떠할까요?

성경은 1,600여 년이라는 긴 시간 동안 40여 명의 다양한 인물들을 통해 작성되었습니다. 그들은 왕, 목자, 의사, 농부, 세리, 어부, 제사장, 선지자 등등 직업도 각양각색이었습니다. 학문적 소양도 다르고, 언어 구사력도 다르고, 영적 수준도 다 다를 텐데, 어떻게 성경 66권은 마치 한 사람이 쓴 것처럼 그 주제와 내용이 일치할까요? 특별히 어떻게 구약의 저자들은 천년 혹은 몇 백 년 후에 태어날 메시아를 예언할 수 있었을까요?

미국의 과학협회에서 검토 받은 책 『과학은 말한다』에서 피터 스토너 박사는, 예수님의 베들레헴 출생, 동정녀 탄생 등의 구약의 메시아 예언 중 8가지만이라도 예수님 당대에 성취될 확률이 10경분의 1이라고 했습니다. 선뜻 이해가 되지 않습니다. 스토너 박사는 보다 쉽게 동전을 예를 들어 설명합니다. 한국의 약 3.5배인 미국 텍사스 주 전체를 10경개의 1달러짜리 은돈으로 다 깔면 지상에서 1.5m 높이로 쌓인다고 합니다. 하지만 그 가운데 색깔이 다른 단 하나의 동전을 단 한 번의 기회에 찾아 집어내어서 '이거네'하는 확률이 10경분의 1인 것입니다. 이는 구약에 나오는 8개의 메시아 예언을 우연히 한 사람에게 적중시키는 확률입니다. 그런데 예수님께서는 이보다 훨씬 더 많은 것을 성취하셨음을 성경은 분명히 말하고 있습니다.

다른 예를 들어 보겠습니다. 우리 자신을 기준으로 해서 4대라 하면 증조부를 말합니다. 대부분의 사람들은 자신의 증조부가 무슨 얘기를 하셨는지 전혀 기억이 없습니다. 하물며 성경은 1,600년 동안 한 목소리를 내고 있으니 이 얼마나 놀랍습니까! 한 세대를 30년으로 잡을 때 최소 50여 세대라는 기간 동안 말씀을 기억하고 전달하는 것은 참으로 힘들지 않았을까요?

또한 함께 예배드리는 사람들 중에서 약 40명을 뽑아서 각기 다른 장소에서 임의로 글을 쓰게 한다면, 우리의 글이 얼마나 동일할까요? 같은 장소, 같은 시간대라도 그러한데 하물며 다양한 시대, 다양한 사람들, 다양한 장소에서 기록된 성경이 신비롭게도 하나의 이야기, 하나의 주제인 하나님 나라 백성으로서의 구원을 이야기하고 있는 것 자체가 기적이지 않을까요? 이것은 성경의 모든 책들 배후에 오직 한 분의 저자가 있다는 사실 외에는 설명될 수가 없습니다. 그가 바로 하나님 자신이십니다.

성경은 스스로 성경의 저자가 하나님이심을 고백합니다.

하나님께서는 구약과 신약의 40여 명의 다양한 사람들을 성령으로 감동케 하심으로 계시의 말씀을 우리에게 주셨지만, 그 모든 계시의 원천은 그들이 아니라 오직 하나님께 있습니다. 성경은 성령을 통해 성경 자체가 하나님의 말씀임을 선포하고 있는 것입니다. 하나님께서 직접 주셨고, 성경이 그렇게 말하고 있고, 성령이 확신케 하십니다. 수 세기에 걸쳐 본질상 그 어떠한 훼손도 없는 성경이 지금 그리스도인의 손에 들려 있기에 우리는 그 성경이 말하는 바를 두려움 없이 전할 수 있는 것입니다.

이제는 우리가 차례대로 말할 순서입니다. 성경의 모든 말씀을 자세히 읽고 살핀 뒤에, 이제는 우리가 하나님의 복음을 전할 차례입니다. 성경은 하나님의 말씀입니다. 앞으로 하나님의 말씀인 성경을 사랑하고 가까이하며 배우고 가르치는 일에 더욱 힘써야 하겠습니다.

† 벧후 1:19

또 우리에게는 더 확실한 예언이 있어
어두운 데를 비추는 등불과 같으니 날
이 새어 샛별이 너희 마음에 떠오르기
까지 너희가 이것을 주의하는 것이 옳
으니라

: 웨스트민스터 신앙고백 :

제1장 2항: 성경, 곧 기록된 하나님의 말씀은 지금의 구약과 신약의 모든 책으로 구성되어 있으며, 그 책들은 다음과 같다.

구약: 창세기, 출애굽기, 레위기, 민수기, 신명기, 여호수아, 사사기, 룻기, 사무엘상, 사무엘하, 열왕기상, 열왕기하, 역대상, 역대하, 에스라, 느헤미야, 에스더, 욥기, 시편, 잠언, 전도서, 아가, 이사야, 예레미야, 예레미야 애가, 에스겔, 다니엘, 호세아, 요엘, 아모스, 오바댜, 요나, 미가, 나훔, 하박국, 스바냐, 학개, 스가랴, 말라기

신약: 마태복음, 마가복음, 누가복음, 요한복음, 사도행전, 로마서, 고린도전서, 고린도후서, 갈라디아서, 에베소서, 빌립보서, 골로새서, 데살로니가전서, 데살로니가후서, 디모데전서, 디모데후서, 디도서, 빌레몬서, 히브리서, 야고보서, 베드로전서, 베드로후서, 요한일서, 요한이서, 요한삼서, 유다서, 요한계시록

하나님의 감동으로 된 이 모든 책은 신앙과 삶의 법칙이다.[1]

1) 눅 16:29-31; 엡 2:20; 계 22:18-19; 딤후 3:16.

제1장 3항: 흔히 외경이라 부르는 책들은 하나님의 감동으로 된 것이 아니므로 정경에 속하지 않는다. 따라서 외경은 하나님의 교회에서 어떠한 권위도 없으며, 외경을 어떠한 방법으로든 사람의 다른 저작물보다 더 가치 있는 것으로 인정하거나 사용해서는 안 된다.[2]

2) 눅 24:27, 44; 롬 3:2; 벧후 1:21.

"성경은 왜 66권일까요?"

만물의 창조주이신 우리 하나님께서는 성경을 통해 성경이 자신의 말씀임을 증거하고 있습니다. 성경은 1,600여 년이라는 긴 시간 동안 각기 다른 시대, 다른 상황 속에 있는 40여 명의 인간 저자를 통해 기록되었지만, 원 저자인 성령의 영감을 통해 하나의 통일된 이야기가 내용적으로 나타나고, 그 내용은 역사적 사실과 부합합니다.

그렇다면 하나님의 말씀인 성경은 왜 66권일까요?

> "성경은 성경이지! 뭐 거기에 따질 게 있냐?"
> "복잡하게 신앙생활 하지 마라. 머리만 아프다"

라는 근본적인 의문을 가지는 사람도 있을 것입니다. 하지만 만약 우리가 하나님의 말씀으로 받아들이는 성경이 66권이 아니라면, 그 가운데 하나님의 말씀이 아닌 것이 포함되어 있다면, 만약 그 외에 하나님의 말씀이 존재한다면 성경의 권위는 무너지게 될 것입니다. 그렇게 성경이 거부되어 버리고, 가짜가 되어버리면 우리의 믿음도 무너지게 될 것입니다. 사도 바울이 "만약에 부활 자체가 원래 없다면, 예수님의 부활도 우리의 부활도 없고 우리의 믿음도 헛된 것입니다"(고전 15)라고 한 것과 같은 논리입니다. 그렇기 때문에 성경은 정말로 중요합니다. 왜냐하면 성경은 우리의 신앙과 생활의 최종적 권위이자 무엇을 믿고 어떻게 살 것인가를 결정하기 때문입니다.

우리는 성경을 성실히 읽고 있습니까? 우리의 자녀들은 성경을 읽고 묵상하고 있습니까? 혹시 주일 아침만 되면 성경을 어디 뒀는지 몰라서 이런 대화를 가족 간에 반복하고 있진 않습니까?

"내 성경책 어디 뒀어요?"
"내가 지난주에 여기에 뒀는데 누가 치웠어요?"

혹은 빈손으로 교회 가는 아이들과는 이런 대화를 주고받습니다.

"성경책 안 가져가니?"

"없어도 돼요."

"그래도 교회 가는데 성경은 들고 가야지?"

"괜찮아요. 화면에 나와요."

혹시 우리는 매주 이와 같은 대화를 반복하고 있진 않나 생각해 보아야 합니다. 자녀들이 성경을 구입한 지 몇 해가 지났는데도 불구하고, 펼치지를 않아서 낱장들이 붙어 떨어지지 않은 채 가지고만 다니진 않는가도 살펴보아야 할 것입니다.

만약 이런 대화나 모습들이 가정에서 보일 때, 자녀들이 무엇을 배울까요? 우리 아이들은 그것을 자연스럽고 당연하게 여길 것입니다. '성경은 읽는 게 아니고 들고 다니는 것이구나', '성경은 없어도 되는구나', '성경은 그런 책이구나' 라고 생각할 것입니다. 이러니 성경 66권에는 어떤 책들이 있는지도 모르고, 성경을 찾을 때 페이지를 말해 주지 않으면 성경을 찾지도 못하는 것입니다.

그래서인지 몰라도 요즘 주일학교나 중고등부 예배를 보면 성경책이 없는 아이들이 의외로 많습니다. 한번은 성경책이 없는 아이에게 물어보았습니다.

"너 왜 성경이 없어?"

"부모님이 어차피 안 읽을 거 비싸서 안 사준대요."

충격이었습니다. 문제집 1-2권 가격이면 살 수 있는 성경을 비싸서 안 사준다는 것입니다. 해가 지나면 더 이상 보지 않는 문제집은 여러 권 사주면서, 해를 거듭해서 읽고 또 읽을 성경은 안 사주는 것입니다.

한번은 기독교 서점에서 가장 저렴한 성경을 사서 성경 없는 아이들에게 나눠주었습니다. 그 아이들이 선물로 받은 성경을 좋아했던 모습이 지금도 생생합니다. 아이들이 성경을 선물로 받고서 기뻐서 묻는 말이 '어디부터 읽어요?'였습니다. 순간 고민에 빠졌습니다. '도대체 어디서부터 읽어라 해야 하나'하고 말입니다. 저는 아이들에게 복음서부터 읽으라고 권면합니다. 성경이 예수님에 대한 책이고, 구약이 오실 메시아, 신약이 오신 메시아이신 예수님에 대한 책이기 때문에, 우리가 반드시 알아야 하고 믿어야 하는 복음의 핵심이 너무나도 잘 담겨 있는 '복음서'를 읽으라고 하는 것입니다.

중등부 새가족 모임에서 지난 한 주간 성경을 좀 읽어봤는지 물어보았습니다. 한 아이가 하는 말이 이랬습니다.

"복음이라고 해서 복음에 대해 말하는 줄 알았는데,

낳고 낳고 낳고 계속 아이만 낳아서 읽다가 덮었어요."

"그게 복음의 핵심인 예수님의 족보야."

"그런데 족보가 왜 들어 있어요?"

이 질문을 시작으로 아이들과 여러 질문을 주고받았습니다.

"우리 반 친구는 토요일에 교회 간대요,

우리랑 성경이 다르다고 하던대요."

라는 이야기까지 이어졌습니다. 이 질문이 정말 중요합니다. 성경이 다릅니다. 지금 우리 손에 들려진 성경은 구약 39권 신약 27권입니다. 우리는 그렇게 배우고 말합니다. 그런데 이단도 이단이지만, 가톨릭교회와도 다릅니다. 가톨릭교회와 개신교의 성경 모두 신약은 27권으로 동일하지만, 가톨릭교회의 구약성경은 7권 더 많은 46권입니다. 개신교는 가톨릭교회에서 추가한 7권을 받아들이시 않습니다. 그렇다면 왜 우리는 이 66권만 성경으로 받아들일까요?

먼저 구약이 왜 39권인지 살펴봅시다. 구약 39권의 범주는 신약성경에서 이미 정하고 있습니다. 누가복음에는 "이에 모세와 모든 선지자의 글로 시작하여 모든 성경에 쓴 바 자

기에 관한 것을 자세히 설명하시니라"(눅 24:27)에 이어서 "너
희에게 말한 바 곧 모세의 율법과 선지자의 글과 시편에 나
를 가리켜 기록된 모든 것"(눅 24:44)이라고 반복 강조하고 있
습니다. 지금 예수님께서 자신에 관해 기록된 말씀을 뭐라고
일컫고 있습니까? 첫째는 모세의 율법, 즉 모세오경입니다.
둘째는 선지자의 글, 즉 예언서를 말합니다. 셋째는 시편, 즉
시가서를 말합니다. 그리고 넷째는 모든 성경, 즉 구약 전체
를 말합니다. 간단히 말해, 예수님을 통해 구약의 내용과 범
위가 정해졌는데, 그 범주 안에 있는 39권이 A.D 90년 얌니
아 공의회(Council of Jamnia)에서 결정되었습니다. 우리는 그
결정을 받아들입니다. 그리고 우리는 이 말씀에 그 어떠한
것도 추가하지 않았습니다.

다음으로 신약은 왜 27권일까요? 바울 서신 가운데서도
어떤 것은 27권 안에 포함되고, 어떤 것은 포함되지 않았습
니다. 어떻게 그럴 수 있을까요? 특별히 신약 성경은 그 책이
정경 속에 들어갈 수 있는 어떤 원칙이 있는데, 그것은 교회
들이 받아들였는가에 대한 '보편성'과, 내용적으로 다른 성경
과 일치하는가에 대한 '정통성'과, 저자가 사도 혹은 사도적
전통을 가졌는가 대한 '사도성', 이 세 가지로 보고 있습니다.

오늘날과 같은 신약 성경 27권 목록을 최초로 추천한 사
람이 누구일까요? A.D 367년 알렉산드리아의 감독 아타나

시우스(Athanasius of Alexandria, 293?-373)입니다. 그는 부활절 기념 편지에서 신약 성경 27권 목록을 '구원의 근거'요 '정경'으로 말하는데, 그로부터 30년 후인 A.D 397년 카르타고 공의회(Concilium Carthaginense)에서 이 27권이 교회에서 거룩한 성경으로 읽혀야 한다고 확인했습니다.

그리고 요한계시록을 보면 "이 말씀 외에 더하지 말라"(계 22:18)는 말씀이 나옵니다. 모든 기록된 계시의 말씀은 요한계시록을 끝으로 종결되었다는 것입니다. 구원에 대한 모든 하나님의 계시의 말씀은 충분히 드러났습니다. 구약 39권, 신약 27권으로 정해져서 지금까지 이르게 된 모든 일들을 보면, 이것 역시도 하나님께서 친히 간섭하신 것으로 보입니다. 하나님의 거룩한 역사 속에서 66권이 우리에게 성경으로 주어졌고, 그 성경을 우리는 하나님의 말씀으로 받아들이고 있습니다.

그런데 우리 자신에게 있어서 성경은 정말 66권이 맞을까요? 우리 자신은 정말로 모든 성경이 하나님의 감동으로 기록되었음을 인정할까요? 새해가 시작되어 창세기부터 읽다가 출애굽기 25장 이후에 나오는 성막과 레위기의 제사 제도에 시험이 들어서 읽기를 중단하진 않습니까? 선지서들은 혹시 다니엘과 호세아만 보는 건 아닙니까? 신약에서도 혹시 에베소서, 빌립보서와 같이 특정 서신서들만 읽진 않습니까? 성경 66권이 모두 하나님의 말씀이라 믿음으로 고백하면서도,

실제 우리가 읽기도 하고 듣기도 하며 내용을 아는 성경은 66권에 못 미친다는 사실입니다.

저는 지금까지 수년간 교사들을 교육하면서 성경 66권 모두를 설교를 통해 전부 들어본 적이 한 번도 없다는 얘기를 자주 듣곤 합니다. 수십 년간 교회 생활을 했지만 소선지서나 서신서 가운데 어떤 책은 한 번도 설교로 들어보지 못한 분이 많았습니다. 심지어 요한계시록 같은 경우, 설교를 들었어도 아시아의 일곱 교회 설교나 장례식장에서 20장에 관한 설교를 들어본 일 외에는 없다는 분들도 계셨습니다. 이것이 실제로 성경을 대하는 우리의 현실입니다. 대답은 3×9=27, 39+27=66이라고 하면서 어떤 책은 보지도 않습니다. 하나님의 말씀을 우리 스스로 선택하여 읽으니, 우리 아이들이 그것을 그대로 보고 배우는 것입니다.

성경은 66권입니다. 모든 말씀이 하나님의 말씀입니다. 전체 말씀이 하나님의 말씀입니다. 부모들은 그 성경에 대한 실질적인 자세를 보여주어야 합니다. 성경을 읽는 모범, 성경을 알고자 하는 열심, 성경을 대하는 자세를 보여주어야, 다음세대인 우리 아이들도 성경을 가까이하게 되고 성경을 읽을 것입니다.

왜 우리 아이들이 신앙을 저버릴까요? 왜 가나안 성도들이 늘어날까요? 근본적으로 성경을 읽지 않기 때문입니다,

성경에 나타난 구원에 대한 지식이 흔들리고, 하나님의 마음을 모르니 조금만 흔들려도 교회를 떠나버리는 것입니다. 다음세대인 우리 아이들이 성경을 읽는 모습을 우리는 기대해야 합니다. 그러기 위해서는 나 자신부터 성경을 가까이하는 모습을 실천해야 합니다. 성경 66권을 하나님의 말씀으로 받아들이고, 그 말씀을 진지하게 읽고 묵상하고 삶에서 실천하는 교회를 꿈꿀 수 있어야 합니다. 결국에는 성경에 붙들린 그리스도인들이 한국 교회를 다시 일으킬 것입니다. 그것이 우리의 비전이 되어야 합니다. 우리 모두 이 일을 꿈꾸며 기대합시다.

26문: "전능하사 천지를 만드신 하나님 아버지를 내가 믿사오며"
라고 고백할 때 당신은 무엇을 믿습니까?

답: 저는 우리 주 예수 그리스도의 영원하신 아버지께서, 아
무것도 없는 가운데서 하늘과 땅과 그 가운데 있는 모든
것을 창조하셨고,[1] 또한 그분의 영원한 작정과 섭리로 이
모든 것을 지금도 보존하고 다스리시며,[2] 이 하나님 아버
지께서 자신의 아들 그리스도 때문에 저의 하나님과 저의
아버지가 되심을 믿습니다.[3] 하나님 아버지를 전적으로
신뢰하기에 저는 하나님 아버지께서 저의 몸과 영혼에 필
요한 모든 것을 채워 주시며,[4] 이 눈물 골짜기 같은 세상
에서 겪게 하시는 어떠한 악도 합력하여 선을 이루게 하
실 것을 굳게 믿습니다.[5] 하나님 아버지께서는 전능하신
하나님이시기에 이렇게 하실 수 있으며,[6] 신실하신 아버지
이시기에 이렇게 하기를 원하십니다.[7]

1) 창 1:1; 2:3; 출 20:11; 욥 38:4-11; 시 33:6; 사 40:26; 44:24; 행 4:24; 14:15. **2)** 시
104:2-5, 27-30; 115:3; 마 10:29-30; 롬 11:36; 엡 1:11. **3)** 요 1:12; 20:17; 롬 8:15;
갈 4:5-7; 엡 1:5. **4)** 시 55:22; 마 6:25-26; 눅 12:22-24. **5)** 시 84:5-6; 롬 8:28. **6)** 창
17:1; 18:14; 롬 8:37-39; 10:12; 계 1:8. **7)** 마 6:32-33; 7:9-11.

"하나님은 어떠한 분이신가요?"

우리는 성경을 하나님의 말씀으로 인정합니다. 성경이 교회에 확실히 주어지기까지 성경의 원저자인 성령님의 역사가 확연히 드러났기 때문입니다. 그렇다면 성경은 하나님 자신을 어떻게 말하고 있을까요?

아이들이 말을 하기 시작하면서 부모님들이 겪는 어려움 중 하나는 아이들의 끝을 알 수 없는 질문입니다.

"엄마! 하늘은 누가 만들었어?"
"하나님이 만드셨어."
"아빠! 바다는 누가 만들었어?"
"하나님이 만드셨지."

그렇게 시작해서 '나무는, 구름은, 새는, 물고기는' 하다가 마지막에는

"엄마, 그러면 하나님은 누가 만드셨어?"

라는 질문까지 나오지 않았나요?

우리는 어떻게 대답해야 할까요? 우리가 성경적으로 명확하게 대답을 해주어도 아이들은 반복되는 '왜'의 늪으로 우리를 인도하곤 합니다.

"하나님은 누가 만든 것이 아니라 스스로 계신 분이야."
"왜? 왜 하나님만 스스로 계셔?"
"하나님은 창조주이시기 때문이야"
"왜 하나님만 창조주야?"

이렇게 왜왜 거리는 아이들의 끝도 없는 질문에 어떻게 대답하는 것이 옳을까요?

"날카로운 질문이네. 목사님께 물어보렴"
"시끄럽다! 공부나 좀 그렇게 열심히 해봐라!"

와 같이 회피하거나 핀잔을 주는 대답을 던지진 않았나 반성해 봅니다.

이러한 질문에 대해 성경은 어떻게 말하고 있을까요? 하나님은 항상 계셨기 때문에 만들어지실 수 없으십니다. 하나님은 스스로 창조되지 않으셨습니다. 만약에 하나님께서 자신을 스스로 창조하셨다면, 하나님께서 스스로 창조되기 전에 이미 존재하셔야만 합니다. 하지만 성경은 하나님께서 스스로 창조된 것이 아니라 스스로 존재하셨다. 즉 '자존'하신다고 말합니다.

우리는 이 개념을 "태초에 하나님이 천지를 창조하시느니라"에서 잘 알 수 있습니다. 창세기 1장 1절이 전제하고 있는 개념이 뭘까요? '하나님께서 이미 존재하신다'입니다. 이미 존재하신 하나님께서 천지를 창조하셨습니다. 그뿐 아니라 하나님께서 모세를 부르시며 그에게 자신을 알리신 개념이 무엇이었을까요? '스스로 있는 자' 즉 '여호와'이십니다. 이 말은 바로 지금 언약에 따라 이스라엘을 구원하시는 하나님께서 바로 '창조주, 즉 스스로 존재하셔서 온 세상 만물을 창조하신 바로 그 하나님이시다'라는 것을 드러냅니다.

하루는 중학교 1학년 아이가 이런 질문을 했습니다.

> "하나님께서 사람을 창조하시고 엄청 좋아하셨는데도, 죄 좀 지었다고 해서 인간을 내쫓으시고 죽게 하시는 걸 보니까, 하나님은 좀 좀생이 같은데요. 우리 부모님도 그렇게는 안하시는데."

그러자 옆에 있던 한 아이가 예리하다며 맞장구를 쳤습니다. 그때 나눈 아이들의 말의 요지는 '하나님께서는 좀 변덕스러우시다'였습니다.

그런데 성경은 영원히 자존하시는 하나님께서 그의 존재와 속성, 그리고 목적과 언약에 있어서 변함이 없으신 분이라고 말합니다. 유한한 인간인 우리는 쇠퇴하고 소멸하고, 변덕부리고, 어려움에 약속을 파기해도, 영원부터 존재하신 하나님께서는 항상 완전한 존재로 계십니다. 자신의 목적과 계획에 있어서 변덕스럽지 않으시고, 그의 모든 약속을 굳게 세우시고 취소하지 않으십니다. 하나님께서는 그의 창조-구속-성취의 모든 과정 속에서 존재에 있어서 불변하십니다. 성경에 나타난 '하나님의 돌이키심'과 같은 표현도 인간적 화법으로 설명된 것일 뿐, 하나님의 새로운 행동은 악에서 돌이킨 인간의 변화에 따라 하나님께서 변함없는 약속대로 응답하신 모습입니다.

만약 하나님께서 계속 변덕스러우시다면, 계속 이랬다저랬다 하신다면, 우리는 하나님을 믿을 수 있을까요? 결코 그럴 수 없습니다. 그가 변하신다면, 신실하지 못하고 신뢰할 수 없이 불안하다면 믿음의 모든 근거는 와해될 것이기 때문입니다. 하나님께서 우리를 구원하시기로 했다가 안 하시기로 했다가 하신다면, 우리는 어떻게 믿음과 구원에 확신을 논할 수 있을까요? 하나님께서 변함없이 신실하시기 때문에 우리는 하나님을 절대적으로 믿고 의지할 수 있습니다. 우리의 모든 믿음과 소망은 전적으로 하나님의 불변성에 달려 있는 것입니다.

하나님은 무한하십니다. 그 무한하신 하나님을 시간의 관점에서 볼 때, 하나님은 영원하십니다. 그래서 우리가 구원을 받는다는 것은 그 영원하신 하나님과 동행하며 사는 영생을 누리는 것입니다. 그 무한하신 하나님께서 모든 공간과 장소와 관련할 때 하나님은 편재하십니다. 쉽게 말해서 하나님께서는 어느 한 공간과 장소에 매이지 않으십니다. 그렇기 때문에 우리는 어느 곳에서라도 하나님께 기도할 수 있고, 하나님께서는 모든 장소와 모든 예배자들에게 충만히 임재하시는 것입니다.

아이들에게 이런 말 들어 보신 적이 있을 것입니다.

> "와! 우리 하나님께서는 미국에서도 예배 받으시랴, 아프리카에서 예배 받으시랴, 여기 한국에서도 예배 받으시랴 엄청 바쁘시겠는데~"

"근데 목사님! 우리가 예배드릴 때, 다른 교회에서도 똑같은 시간에 예배드릴 텐데. 그러면 하나님께서 어디 계시는 거예요?"

하나님의 편재성에 대한 아이들의 수준 높은 질문입니다. 우리는 이 질문에 이렇게 대답할 수 있습니다.

"하나님께서는 모든 곳에 동시에 충만히 임하시지. 그게 바로 하나님의 편재성이야. 하나님께서 무한하시고 초월해 계실뿐만 아니라 영으로서 모든 곳에 임재하실 수 있는 거지."
"뭔 말이에요?"
"인간은 유한하지만 하나님은 무한하시지? 한계가 없으시다는 말이야. 우리는 육체로 존재하지만 하나님은 영이시란다. 그러니 장소나 공간에도 한계가 없다, 즉 제한이 없으시다는 말이야. 그러니 시공간을 초월하셔서 언제 어디에서나 예배를 받으실 수 있는 거지."

종종 우리는 아이들이 잘 듣지 않는 것 같고, 이해 못하는 것 같아서 마냥 쉽게만 하려고 하는데, 실제로 우리 아이들은 다 듣고 다 이해합니다. 아이들의 학교 교과서만 보더라도 거기에 쓰인 용어나 개념들이 결코 만만치 않습니다. 아이들을 너무 애 취급하지 않아도 됩니다.

하루는 무한하신 하나님을 설명하고 있었는데, 한 아이가 이렇게 질문했습니다.

> "목사님! 하나님은 지식과 능력이 무한하셔서 전지전능하다 하셨는데, 그러면 하나님께서 또 다른 하나님을 만들 수 있어요?"

만들 수 있을까요? 만들 수 없을까요? 하나님의 능력과 가능성에 있어서는 하실 수 있습니다. 하지만 본성과 의지에 있어서는 하실 수 없습니다. 왜냐하면 하나님은 절대적으로 완전하시며, 유일하시고 오직 한 분이신 하나님이시기 때문입니다.

만약 하나님께서 자신과 똑같은 하나님을 만든다면 어떤 문제가 생길까요? 하나님께서 유일한 하나님이 되실 수 없게 되기에, 하나님의 본성과 그의 말씀에 정면으로 위배되어 상천하지에 유일한 하나님이시라는 그의 말씀은 거짓이 되어 버립니다.

실제 이와 같은 질문들은 어디에 근거한 오해일까요? 바로 '전능'이라는 개념입니다. 전능이란 '모든 것을 할 수 있다'는 개념입니다. 하지만 하나님과 관련된 '전능'은 모든 것을 '무조건적'으로 행하실 수 있다는 것을 말하는 것이 아닙니다. '하나님께서는 자신의 본성과 모순되지 않고 일치하는 상황 가운데서 모든 것을 하실 수 있다'는 말입니다.

예를 들어 봅시다. 하나님은 거짓말을 하실 수 있을까요? 없습니다. 진리에 어긋나기 때문입니다. 하나님께서는 자신이 들 수 없는 바위나, 자신이 뚫을 수 없는 철벽 방패를 만들 수 있을까요? 만들 수 없습니다. 왜냐하면 전능에 어긋나기 때문입니다. 네모난 원은 만들 수 있을까요? 만들 수 없습니다. 왜냐하면 질서에 어긋나기 때문입니다. 이 모든 예들이 하나님의 본성이나 질서에 위배됩니다. 하나님은 자신이 행하기 원하시는 것은 무엇이든지 행하실 수 있지만, 그의 전능성은 하나님의 본성과 조화되는 가운데 모든 것을 다 하실 수 있는 능력인 것입니다. 이 모든 무한하신 하나님의 본성을 가장 잘 드러내는 것이 바로 하나님의 사랑입니다. 무한하신 사랑은 그의 아들을 통해 나타납니다.

성경은 하나님께서 무한하신 분임을 말합니다. 무한하신 하나님께서 시간에 있어서 영원하시고, 장소에 있어서 편재하시고, 능력에 있어서 전능하시고, 사랑에 있어서 완전하십니다. 유한은 무한을 품을 수 없습니다. 유한한 인간인 우리는 무한하신 하나님을 다 이해할 수도 다 알 수도 없습니다.

우리는 무한하신 하나님께서 친절하게 자신을 계시하여 기록하신 성경을 가까이하고 하나님을 아는 일에 힘써야 합니다. 뿐만 아니라 우리 자녀들이 자신들을 부르신 분이 누구인지, 자신들을 구원하신 분이 누구인지, 자신들을 향한 계획을 갖고 계신 분이 누구인지 아는 것이 정말로 중요합니다. 하나님께서는 우리가 범사에 하나님을 인정할 때 우리의 앞길을 인도하신다고 약속하셨습니다. 우리가 진실로 하나님께서 얼마나 크신 분인지, 얼마나 능력이 많으신 분인지, 얼마나 나를 사랑하시는지를 믿음으로 인정할 때, 우리의 인생과 미래는 참으로 기대할 만할 것입니다.

24문: 사도신경은 어떻게 나누어집니까?

 답: 세 부분으로 나누어지는데, 곧 첫째, 성부 하나님과 우리
     의 창조, 둘째, 성자 하나님과 우리의 구속, 셋째, 성령 하
     나님과 우리의 성화에 관한 것으로 나누어집니다.

25문: 하나님께서는 본질상 오직 한 분이신데,[1] 당신은 왜 삼위,
     곧 성부, 성자, 성령을 말합니까?

 답: 왜냐하면 하나님께서 당신의 말씀에서 당신을 그렇게 계
     시하셨기 때문입니다. 이 구별된 삼위는 참되고 영원하신
     한 분 하나님이십니다.[2]

---

1) 신 6:4; 사 44:6; 45:5; 고전 8:4, 6; 엡 4:5-6. **2)** 창 1:2-3; 사 61:1; 63:8-10; 마 3:16-
17; 28:19; 눅 1:35; 4:18; 요 14:26; 15:26; 행 2:32-33; 고후 13:13; 갈 4:6; 엡 2:18; 딛
3:4-6.

"하나님은 **삼위일체** 하나님이신가요?"

성경은 하나님께서 무한하신 분이라고 말함과 동시에 하나님을 삼위일체로 말하고 있습니다.

삼위일체란 무엇일까요? 당신은 누군가에게 삼위일체를 설명한다면 어떻게 말하겠습니까? 지금까지 우리는 전도한 사람들이나 가족들에게 삼위일체를 어떻게 설명했을까요? '삼위일체는 너무 신학적이에요. 목사님들이나 이해하지 우리 같은 일반 성도들은 그냥 넘어갑니다'라고 생각하며 그냥 넘어가는 게 지혜로운 처사일까요?

우리가 학습 혹은 세례 교육을 받을 때 반드시 배우는 내용이 바로 '하나님은 누구신가'입니다. '하나님은 몇 분이십니까? 그리고 어떻게 존재하십니까? 하나님은 오직 한 분이시고 삼위일체로 존재하십니다.' 이 질문이 모든 교리를 다 공부하고 난 뒤 부록처럼 나중에 취급되어서는 안 됩니다. 가장 먼저 질문되고, 설명되고 믿어야 하는 내용입니다.

중학생을 대상으로 한 학습 세례문답 교육 때, 삼위일체론을 열심히 설명한 뒤에 얼마나 이해했는지를 물어봤습니다.

> "삼위일체에 대해 이제까지 설명한 내용들 다 이해하겠어?"
> "완벽하게 이해했어요."

한 아이가 대답했습니다. 저도 완벽하게 이해하지 못하는 것을 이 아이가 어떻게 완벽하게 이해했을지 정말 궁금해졌습니다. 다시 한 번 설명해 보라고 권하자 그 아이가 이렇게 설명했습니다.

> "하나님은 몇 분이십니까? 오직 한 분이시죠. 그리고 어떻게 존재하십니까? 삼위일체로 존재하시죠!"
> "뭐라고?"
> "하나님은 오직 한 분, 삼위일체로 존재!"
> "설명해 보라는데, 답만 줄줄 외우면 뭐하냐?"
> "이게 나한테 100%예요!"

사실 아이들은 답만 알면 된다고 생각할지도 모릅니다. 아이들은 복음이 말하고 있는 내용 중에 핵심만 듣고 외우고 있을 수도 있습니다. 우리는 복음을 몇 분 동안 말할 수 있을까요? 기독교 서점에 가서 복음과 관련된 책자들을 보면, 그 한 주제로 수백 페이지에 달하는 책들이 무수히 출판되었음을 보게 될 것입니다.

　삼위일체도 마찬가지입니다. 그런데 정작 우리가 삼위일체에 대한 최소한의 정보도 모른다는 것은 너무나도 안타까운 현실입니다. 우리는 아이들에게 '교회 가라', '예배 똑바로 드려라', '분반공부하고 학원 가라' 등의 말을 많이 합니다. 겉으로 보이는 규칙과 행동에 대해서만 가르칩니다. 아이들이 누구 때문에 교회에 오는지, 누구에게 예배를 드리는지, 분반공부에서는 누구에 대해 배우는지를 더 면밀히 알려주어야 합니다.

　성경은 하나님을 한 분으로 말하고 있습니다. 그러면서 동시에 다른 하나님이 등장합니다. 성경은 예수님께서도 하나님이시고, 성령님도 하나님이라고 말합니다. 삼위일체 하나님은 삼위(三位) 즉 성부, 성자, 성령으로 존재하시면서도 동시에 일체(一體)이신 한 하나님이십니다. 우리는 이 신비한 교리를 오직 성경이 그렇게 말하고 있기에 성경 그대로 배우고 고백합니다.

하나님은 한 분이시지만 세 위격으로 존재하신다는 이 말을 풀어서 말하면, 성부도 성자도 성령도 하나님이시지만, 성부와 성자께서 같지 않고 성자와 성령께서도 같지 않고 성령과 성부께서도 같지 않지만, 그럼에도 이 성부 성자 성령 하나님께서 한 분 하나님이시라는 것입니다. 여기서 '같지 않다'라는 말은 '다르다'는 말입니다. 성부와 성자께서 다르시고, 성자와 성령께서 다르시고, 성령과 성부께서도 다르시다는 말입니다.

성부, 성자, 성령 하나님께서는 동일한 본질을 소유하시되, 구별되는 세 위격으로 존재하십니다. 이 모든 게 완전히 이해가 될까요? 수학적 개념이 이성적이고 합리적이라 생각하는 우리로서는 무한하신 하나님의 신비로운 존재 방식을 온전히 이해할 수 없습니다. 유한은 무한을 다 포용할 수 없듯이, 우리의 제한된 이성으로는 삼위 하나님에 대해 온전히 이해할 수 없습니다. 우리는 이를 겸손히 인정해야 합니다.

예전에 한 집사님께서 자신이 삼위일체 하나님에 대해 고민하다가 완벽한 깨달았고, 자기 아이들도 삼위일체를 제대로 이해한다고 말씀하셨습니다. 그분이 교회 마당에서 저를 불러 세워 물으셨습니다.

"삼위일체를 어떻게 이해하십니까?"

"네?"

"제가 오늘 마당을 청소하다가 완벽하게 이해했습니다"

"어떻게 이해하셨습니까?"

"오늘 마당을 청소하는데, 시멘트 틈 사이로 세 잎 클로버가 난 걸 보고 이것이야말로 삼위일체를 이해하는 가장 완벽한 것임을 깨달았습니다. 각각의 잎이 모양도 같고 함께 있는데, 이게 하나의 몸뚱아리 아닙니까!"

그런데 이게 과연 옳은 설명일까요? 아닙니다. 각각의 잎이 독립되었을 때에 완전한 클로버로 존재하지 못하기 때문입니다.

저 역시도 삼위일체에 대한 설교를 직접 들은 적이 몇 번 있습니다. 그런데 듣다 보면 잘못된 비유들로 그럴싸하게 해설합니다. 예를 들어 물(H_2O)이 고체일 때는 얼음, 액체일 때는 물, 기체일 때는 수증기로 있듯이 형태는 바뀌어도 H_2O라는 성질은 계속 동일하다는 것과 같다는 비유입니다. 또 다른 예로는 자신이 부모에게는 아들이고, 아내에게는 남편이고, 자녀들에게는 아버지인데 삼위일체가 바로 이와 같다는 비유입니다. 이 비유와 같이 하나님께서는 같은 분이시지만 세 분으로 역사한다는 말입니다.

우리는 이 비유들에 동의를 표해야 할까요? 그럴싸합니다. 하지만 삼위일체를 온전히 담아내지 못하는 결정적인 이유가 무엇일까요? 각각의 형태와 역할이 동시에 존재할 수 없다는 것입니다. 각각 상호간에 동시적으로 교제할 수도 없다는 것입니다. 한 잎 클로버가 동시에 세 잎 클로버로 완전히 존재하지 못하고, 얼음이 동시에 수증기로 독립되게 완전히 존재하지 못하고, 아들이 동시에 아버지로서 독립되게 완전히 존재하지 못하기 때문입니다. 즉, 제한적이고 부분적입니다. 삼위 하나님께서는 완전한 하나님으로서 동시에 존재하시며 상호간에 교제를 나누시는데 말입니다. 우리는 앞의 두 비유와 같은 이해를 '양태론'이라 하는데, 이는 일부는 설명하지만 전부를 다 담아내지 못하는 한계가 있습니다.

아이들은 삼위일체를 설명하면 꼭 이 말을 합니다.

"1+1+1=3인데, 어떻게 1이 됩니까?"

삼위일체 교리는 '삼위가 일위'라고 말하지 않습니다. 삼위는 보편적 의미에서 세 분, 세 개체가 아니라 삼위로 계신 하나님께서 동시에 한 분이시다는 말입니다. 완전하신 세 분이 완전하신 하나로 존재하신다는 의미입니다. 사람의 이해를 초월하는 신비인 것입니다.

한번은 초등학생 저학년의 한 아이가 하는 말이

"목사님! 그래도 아버지인데, 아들이 아버지랑 같은 레벨이면
안 되죠!"

라고 했습니다. 이와 같이, 하나님을 최고로 크신 분으로, 아들이신 예수님은 그보다 좀 작은 분으로, 그리고 성령은 그보다 더 작거나 하나님의 능력 정도로 이해하는 사람도 있는데, 결코 그렇지 않습니다.

『웨스트민스터 신앙고백서』를 보면 성부, 성자, 성령 하나님이 차등이 있는 것이 아니라 각각의 세 위격 모두 완전한 하나님이심을 분명히 말하고 있습니다.

한 신격 안에 본질이 같고 권능과 영광을 동등하게 가지시는 삼위가 계시니, 곧 성부 하나님, 성자 하나님, 성령 하나님이시다. 성부 하나님께서는 아무에게도 속하지 않으시고, 누구에게서 나거나 나오지 않으시며, 성자 하나님께서는 성부 하나님에게서 영원히 나시고, 성령 하나님께서는 성부 하나님과 성자 하나님으로부터 영원히 나오신다(WC 2장 3항).

성경도 그 삼위 하나님의 동등하심을 분명히 말하고 있습

니다. 어디서 볼 수 있을까요? 창조 사역 가운데 삼위일체가 분명히 나타납니다. 성부 하나님께서 말씀하시고, 말씀이신 예수님께서 창조하시고, 성령께서 그 위에 운행하셨습니다. 그리고 새창조 사역의 시작 가운데에서도 삼위일체가 분명히 나타납니다. 예수님께서 세례를 받으실 때 성령님께서 비둘기같이 예수님께 임하셨고, 하나님께서는 "이는 내 사랑하는 아들이요 내 기뻐하는 자라"(마 3:17)고 말씀하셨습니다. 그뿐일까요? 예수님께서 누구의 이름으로 세례를 베풀라고 하셨을까요? "아버지와 아들과 성령의 이름으로 세례를 베풀고"(마 28:19)라고 하셨습니다. 사도 바울은 고린도 교회에 편지를 끝맺으면서 어떻게 인사했을까요? "주 예수 그리스도의 은혜와 하나님의 사랑과 성령의 교통하심이 너희 무리와 함께 있을지어다"(고후 13:13) 라고 했습니다. 삼위 하나님께서는 창조에 있어서, 구원에 있어서, 그리고 교회에 있어서 언제나 함께 역사하시며, 그 본성에 있어서 동등하심을 그대로 나타내고 있음을 볼 수 있습니다.

우리는 학습과 세례교육뿐 아니라, 매 주일 드리는 예배 때마다 삼위일체 하나님에 대해 고백하고 있습니다. 그렇기 때문에 우리는 우리의 다음세대들이 자신들이 믿는 하나님이 어떠한 분이신지 막연하고 두루뭉술하게 알지 않도록 더 신경 써야 되겠습니다. 삼위일체 교리는 기독교의 모든 교리를 총괄하는 '기독교의 심장'과도 같은 교리입니다. 교회는 삼위 하나님에 대한 바른 지식과 이해를 가지고 있어야 합니다. 우리는 자신들이 믿는 하나님이 누구인지, 자신들은 누구에게 예배를 하는지, 그리고 자신들에게 은혜를 베푸시는 분이 누구인지 분명히 아는 신앙인으로 자라야 할 것입니다.

2문: 하나님께서 계시다는 것을 어떻게 알 수 있습니까?

답: 사람 안에 있는 본성의 참된 빛과 하나님께서 지으신 피조
물이 하나님께서 계시다는 것을 분명하게 선포합니다.[1] 그
러나 사람들을 구원에 이르게 하는 데에는 하나님의 말씀
과 성령만이 하나님을 사람들에게 충분하고 효과적으로 나
타냅니다.[2]

---

1) 롬 1:19-20; 시 19:1-3; 행 17:28. **2)** 고전 2:9-10; 딤후 3:15-17; 사 59:21.

5

"하나님의 존재를 알 수 있나요?"

우리는 하나님을 믿습니다. 우리는 성경과 우리의 삶을 통해 하나님은 살아계시고, 지금도 역사하시며, 우리의 구원을 이루심을 입술로 고백합니다. 그런데 세상 사람들은 하나님을 믿을까요? 다수의 사람들이 하나님을 믿지 않습니다. 2015년 통계청 센서스 조사 결과 한국에 종교가 없다고 주장하는 무종교인은 56%라고 합니다. 더 안타까운 것은 무종교인 혹은 무신론자들의 비율이 날이 갈수록 증가하고 있다는 사실입니다.

많은 사람들이

"하나님을 믿는 것이 과연 이성적으로 합리적이냐?"

고 묻습니다. 심지어 요즘 우리 아이들은

> "너 교회 다니냐? 누가 요즘 교회 다니냐?"

라고 놀림을 당합니다. 어떤 조사에 따르면, 실제 학교 급
식 시간에 식전 기도하는 아이들이 1%에 지나지 않는다고
합니다. 교회 다니는 100명의 아이들 중 단 1명만 식전 기도
를 하며 자신을 그리스도인으로 드러낸다는 것입니다.

전도를 하다 보면 다양한 사람들을 만나게 됩니다. 한 어
르신은 아주 확신에 찬 어조로 얘기하십니다.

> "죽어서 천국 간 사람을 나한테 데려 오면 한번 생각해 보지."

상식적으로 죽었는데 어떻게 본인 앞에 데려올 수 있을까
요? 그런데도 그렇게 맘대로 판단하고 단정 짓고 공격적으로
우기십니다. 이와 같은 대화는 우리 아이들 사이에서도 일어
나고 있습니다.

> "교회 갈래?"
> "아니, 신이 어디 있다고? 너나 많이 믿어라!"
> "나한테 한번 보여주면 내가 갈게"

그 말에 상처받고 또 창피당할까 봐 전도하기 힘들어하는 아이들도 있습니다. 이렇게 말하는 사람들은 자기가 좀 똑똑하고 예리하게 말한 것 같고, 보여주지 못하는 상대방에게 자기가 이긴 것 같은 느낌을 가지기도 합니다.

우리는 이런 질문들을 들을 때 어떤 생각이 들까요? 그런데 사실 이 질문은 질문 자체가 잘못되었다는 걸 아십니까? 왜냐하면 범주 착각의 오류를 범하고 있기 때문입니다. 범주 착각의 오류란, 어떤 범주의 사물이나 사실이 다른 범주의 비슷한 성질들을 갖는 것으로 여기는 것입니다. 예를 들어 봅시다. '노란색은 무슨 맛일까요?', '음악의 음은 어떻게 보일까요?', '강아지는 인수분해를 얼마 만에 할까요?'와 같은 질문들입니다. 색깔에 맛이 어디 있을까요? 노란색은 색이고 맛은 맛입니다. 음악의 음은 청각이고, 보여 달라는 것은 시각입니다. 강아지는 동물이기에 수학적 이해가 불가능합니다.

바로 이와 같은 류의 질문이 '누가 하나님을 만들었을까요?', '하나님을 내게 보여 달라'입니다. 하나님은 영이시며 초월적인 존재이십니다. 그런데 마치 하나님을 과일이나 채소를 물질적으로 평가하고 자연적으로 논증하듯 증명하라고 요구하는 것입니다. 하나님은 이 세상의 소산물이 아닙니다. 우리의 이성이라는 범주를 넘어서는 분이십니다. 하지만 많은 회의론자들은 하나님이 그들의 이성적 프레임에 들어맞지 않는다는 이유로 하나님을 거부했습니다.

만약 전 세계 모든 비둘기들이 한 사람의 인간을 '저 사람은 못생겼기 때문에 사람이 아니야'라고 한다면, 그 사람이 존귀한 인격체가 아닌 게 될까요? 자신의 프레임에 들어맞지 않는다는 이유로, 자신이 경험하지 못했다는 이유로, 존재를 잘못 이해하거나 거부하는 것은 옳을까요? 결코 그렇지 않습니다. 하물며 유한한 인간이 초월하여 계시는 무한한 하나님을 향해 하나님이 아니라고 말하는 것 자체가 옳지 않다는 것입니다.

그러면 어떻게 하나님을 알 수 있을까요? 교회사를 보면 하나님의 존재에 대해 오래도록 논쟁에 논쟁을 이어갔는데, 대표적인 증명들을 아주 간략히 살펴보겠습니다.

첫째로, 존재론적 증명입니다. 존재론적 증명에서는 우리 생각 가운데 하나님이란 개념, 즉 절대적으로 완전한 존재에 대한 생각이 있다고 말합니다. 그리고 그 생각이 불완전한 존재인 나 자신이 아니라 완전한 존재로부터 온 것이므로, 하나님은 존재한다고 봐야 한다는 것입니다. 하지만 이 존재론적 증명이 가지는 약점은 무엇일까요? 우리가 마음으로 그리는 가장 아름답고 완벽한 곳이 마음속 상상으로 존재해도, 현실 세계에는 없을 수 있다는 점입니다. 이미 수십 년 전에 TV나 영화에서 보았던 하늘을 나는 차나 우주여행

등은 상상 속에만 있을 뿐 아직 존재하지 않습니다.

둘째로, 우주론적 증명입니다. 우주론적 증명은 모든 것에 원인이 있다는 주장입니다. 세상에 존재하는 모든 것에는 적절한 원인이 있습니다. 그러니 우주 또한 적절하고 무한히 큰 원인을 가져야 하고, 원인의 근본 원인을 계속 찾아가는 과정에서 제1원인인 하나님께 도달한다는 의미입니다. 이 우주론적 증명이 비판받는 약점은 무엇일까요? 원인을 찾아 올라가면 결국 제1원인인 하나님께 도달하게 되고 그럼 거기서 멈춰야 하는데, 그 원인을 찾는 연쇄사슬이 하나님에게도 적용되어 하나님을 존재케 하는 원인은 무엇인지로 이어진다는 약점이 있습니다.

셋째로, 목적론적 증명입니다. 우주론적 증명이 원인에 집중했다면, 목적론적 증명은 목적에 집중합니다. 우주와 세상을 보니 질서와 목적을 갖고 있고, 그래서 우주의 설계자가 반드시 있어야 한다고 주장합니다. 백과사전을 보면 그것을 순서대로 만든 사람이 있지 않겠느냐, 컴퓨터를 보면 그것을 설계하고 부품을 조립한 사람이 있지 않겠느냐는 논리입니다. 부품을 던진다고 해서 컴퓨터가 자동으로 만들어진다거나, 종이 서류를 던진다고 해서 사전이 자동적으로 만들어지지 않습니다. 목적이 있기에 질서와 조화가 있다는 말입니다. 목적론적 증명은 신존재증명 가운데 가장 많은 지지를 받는데, 이것 역시 약점이 있습니다. 그것은 바로 우리가 볼 때 목적 없이 발생하는 사실(사건)들, 즉 조화뿐 아니라 온갖 부조리와 부조화가 우리 주변에 있다는 것입니다. 목적론적 증명은 악한 사람들이 잘 되고 의로운 사람들이 고난을 받는 등의 부조화를 설명하지 못합니다, 즉 죄의 결과를 다 담아내지 못합니다.

마지막으로, 도덕적 증명입니다. 이 증명은 인간이 가지는 그 객관적인 도덕 가치들이 초월적 근거가 되시는 분의 존재를 암시한다는 주장입니다. 우리 안에 선한 생각들은 하나님으로부터 온 것입니다. 하지만 무엇이 문제일까요? 모든 사람이 동일하고 절대적인 도덕과 기준을 가지고 있지 않다는 사실입니다. 나라마다 '선'에 대한 개념, '행복'에 대한 개념이 조금씩 다르지 않나요? 나에게 좋은 것이 누군가에게는 불쾌하고, 나에게 이상한 것이 누군가에게는 당연한 것이 되지 않나요? 모든 사람이 절대적인 기준에 대해서도 조금씩은 상대적으로 이해한다는 것입니다.

이상이 대표적인 신존재증명 이론들입니다. 신자인 우리에게 이와 같은 증명들이 필요할까요? 물론 각각의 증명에는 그만의 약점들이 있지만, 무신론 사상이 팽배해지는 이 시대에, 그것에 물들어 가고 있는 다음세대들에게 어느 정도의 답을 줄 수는 있을 것입니다. 막무가내로 하나님은 없다고 공격하며 반항하는 아이들에게 조금이나마 설명이 될 수 있을 것입니다. 이상의 존재증명들이 구원에 이르는 믿음을 소유하게 하지는 못하지만, 불신과 의심을 제거하는 데는 어느 정도 도움이 될 수 있을 것입니다.

우리는 우리가 하나님을 분석했기 때문에 아는 것이 아닙니다. 우리는 무한하신 하나님께서 유한한 인간에게 자신을 드러내심으로 인해 그 존재를 알 수 있습니다. 하나님께서 성경을 통해 자신을 계시하시기에 우리는 그것을 믿으면 되는 것입니다. "태초에 하나님이 천지를 창조하시니라"(창 1:1)는 말씀을 통해, 우리는 하나님께서는 창세전에 이미 존재하고 계시며 말씀으로 자신을 계시하심을 알 수 있습니다. 하나님의 계시를 통해 하나님의 존재를 믿는 것입니다. 오직 그 방법으로 우리는 하나님을 알 수 있습니다.

하나님은 살아계십니다. 성경이 그것을 증거하고 있고, 또한 창조된 이 세상이 그것을 증거하고 있습니다. 그뿐 아니라, 우리의 마음은 하나님의 살아계심을 부인할 수 없습니다. 우리는 우리의 잣대가 아닌 말씀의 잣대로 하나님이 진실로 지금도 살아계심을 고백해야 합니다.

오늘날 우리 주변 많은 사람들이 자신들의 세상에서 실제적 무신론자로 살고 있습니다. 이론적 무신론자들은 교회 바깥에 있지만 실제적 현실적 무신론자들은 교회 안에 있습니다. 머리로는 하나님의 존재를 믿는다고 하지만 실제 삶의 현장에서는 '마치 하나님이 없는 것처럼' 사는 현실 속 무신론자들이 되지 않도록 경각심을 가져야 합니다.

하나님은 정말 살아계십니다. 하나님은 정말 역사하십니다. 이것을 나 자신에게 철저하게 가르쳐 확신하는 데까지 이르도록 합시다. 우리도 모르게 보이는 실제적 무신론자들의 삶이, 모든 상황 가운데 하나님의 주권을 인정하는 삶으로 변하기를 기도합시다. 우리 모두가 핑계치 못할 하나님의 존재하심 앞에 오히려 당당히 자신의 신앙을 자랑하고 '내가 그리스도인입니다'라고 드러낼 수 있는 담대한 신자가 되기를 소망합니다.

† 롬 1:20
창세로부터 그의 보이지 아니하는 것
들 곧 그의 영원하신 능력과 신성이 그
가 만드신 만물에 분명히 보여 알려졌
나니 그러므로 그들이 핑계하지 못할
지니라

: 하이델베르크 교리문답 :

27문: 하나님의 섭리란 무엇입니까?

답: 하나님의 섭리란, 언제 어디에나 미치는 하나님의 전능하신 능력으로[1] 하나님께서 마치 당신의 손으로 하시듯이 하늘과 땅과 모든 피조물을 보존하시고 다스리시는 것입니다.[2] 따라서 채소와 목초, 비와 가뭄,[3] 풍년과 흉년, 양식과 음료, 건강과 질병, 부와 가난 등 세상 모든 것은[4] 우연이 아니라 하나님의 아버지 같은 손길에 의해 일어납니다.[5]

1) 시 94:9-10; 사 29:15-16; 렘 23:23-24; 겔 8:12; 마 17:27; 행 17:25-28. **2)** 히 1:3. **3)** 렘 5:24; 행 14:17. **4)** 잠 22:2; 요 9:3. **5)** 잠 16:33; 마 10:29-30.

28문: 하나님께서 모든 것을 창조하시고, 섭리로 여전히 보존하심을 아는 것이 우리에게 어떤 유익을 줍니까?

답: 우리는 어떠한 역경 가운데서도 인내할 수 있고,[1] 형통할 때는 감사할 수 있습니다.[2] 또한 장래에 우리에게 어떤 일이 일어나도, 어떤 피조물이라도 우리를 하나님의 사랑에서 끊을 수 없게 하시는 신실하신 하나님 아버지를 굳게 신뢰할 수 있습니다.[3] 모든 피조물이 다 하나님의 손안에 있으므로 하나님의 뜻이 아니면 어떠한 일도 일어날 수 없습니다.[4]

1) 욥 1:21-22; 시 39:9; 롬 5:3-4; 약 1:3. **2)** 신 8:10; 살전 5:18. **3)** 시 55:22; 롬 5:4-5; 8:38-39. **4)** 욥 1:12; 2:6; 잠 21:1; 행 17:25-28.

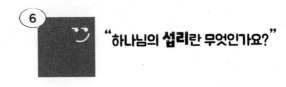

"하나님의 섭리란 무엇인가요?"

예전에 중고등부 수련회를 마무리하면서, 전체 아이들과 모두 손을 잡고 둥글게 선 다음, '당신은 사랑받기 위해 태어난 사람'을 한 사람 한 사람의 이름을 넣어가며 불렀습니다. 차례차례 부르던 중, 한 여자아이가 갑자기 손으로 얼굴을 가린 채 펑펑 울기 시작했습니다. 부르던 찬양은 멈췄고 옆에 있던 친구가 그 아이를 꼭 안아줬습니다. 나중에 옆에 가서 운 이유를 물어보았습니다.

"왜 그렇게 갑자기 울었어?"
"지금도 그 사랑 받고 있다는 말에 가슴이 떨렸어요"

그 아이가 울먹이는 목소리로 대답했습니다. 자신은 부모님이 어렸을 때 이혼하고 아버지 밑에서 자라면서, 아버지로 부터 따뜻함이라고는 조금도 못 느끼며 살고 있었는데, 내가 하나님의 사랑을 받고 있다는 사실이 깨달아지면서 눈물이 왈칵 쏟아졌다는 것입니다.

우리도 같은 마음이지 않을까요? 우리를 향하신 하나님의 뜻과 계획이 있음을 늘 망각하며 지내지만, 실제 그것을 깨 달았을 때 우리는 그 놀라운 은혜에 감격하게 됩니다. 교회 는 이 감동을 사람들에게 전해 주어야 합니다.

우리가 전도할 때 종종 '당신을 향한 하나님의 놀라운 계 획이 있습니다'라고 말하는데, 그 하나님의 계획이 바로 하나 님의 '작정'입니다. 작정이란 하나님께서 창조 전 영원 단계에 서 장차 일어날 모든 일들을 자신의 영원하신 계획과 목적에 따라 미리 정하신 바가 있음을 뜻하는 말입니다. 하나님의 작정하심 안에는 창조와 구원에 관한 그의 모든 사역이 포함 되어 있습니다. 소위 이 세상 모든 것을 향한 하나님의 계획 을 작정이라 할 때, 특별히 우리의 구원과 관련된 하나님의 계획을 '예정'이라 부릅니다.

이 하나님의 작정은 어디에 근거할까요? 우리의 행위에 근 거할까요? 아닙니다! 하나님의 기뻐하신 뜻에 근거합니다. 그 러면 하나님의 작정은 언제 형성되었을까요? 창세전입니다. 하나님께서는 '태초'라는 개념이 있기 전인 영원의 단계에서 하나님의 영광을 위한 계획을 세우셨습니다. 그러면 그 세우신 계획은 수시로 변경될까요? 그렇지 않습니다. 하나님의 계획, 즉 작정은 완전할 뿐 아니라 신실하신 하나님의 계획이기에 결코 변하지 않습니다. 하나님의 작정하심에는 그 어떠한 조건도 없습니다. 우리의 행위가 누군가보다 더 선해서 혹은 더 악해서 영생으로 혹은 영벌로 결정되는 것이 아닙니다. 이는 전적으로 100% 하나님의 뜻에 의한 것입니다.

그렇다고 해서 모든 사람이 구원받는 것일까요? 결코 그렇지 않습니다. 이 이야기를 아이들에게 하면 아이들 중 다수는 '아, 그래요?'라는 표정을 짓습니다. 특별히 자신의 가족이나 친척들이 모두 교회를 다니는 가정의 아이들 중 그런 아이들이 많았습니다. 이게 무슨 의미일까요? 모든 사람이 다 구원받는 것이 아니라는 말은 매우 충격적이기 때문이고, 그럼에도 불구하고 자기 가족과 주변 사람들은 다 구원받을 거라 생각하기 때문입니다.

그런데 불신 가정의 아이는 달랐습니다. 한 아이가 내뱉은 말이 놀라웠습니다.

> "와~ 하나님 정말 잔인하다! 그러면 어떤 사람은 태어나기도 전부터 지옥 갈 수밖에 없다는 말이잖아요. 자기 형상이잖아요! 그러면 우리 가족은 태어나기 전부터 이미 버림받은 거예요?"

"맞아! 그 누군가는 태어날 때부터 하나님께 선택받지 못해서 영원한 형벌을 받을 수밖에 없어! 그런데, 너무나도 중요한 사실 하나는 바로 그 누군가가 누구인지를 우리는 모른다는 거야. 하나님의 계획 가운데 내가, 내 가족이, 내 사랑하는 사람이 언제 어떻게 예수님을 믿을지 우리는 알 수 없는 거잖아. 어느 누가 구원받을지 우리는 알 수 없고 그러기에 함부로 판단해서도 안 되는 거야. 그러니 우린 뭐해야겠어? 전도해야지!"

저는 속상해하는 그 아이의 눈을 보며 이렇게 말했습니다. 오직 하나님께서만 누가 구원받을지 아시기 때문에, 언제나 누구에게나 긍휼한 마음으로 복음을 전해야 합니다.

우리가 늘 기억해야 하는 것이 있습니다. 그것은 바로 창조주 하나님의 권한입니다. 토기장이가 필요에 따라 쓰임이 다른 그릇들을 만들고, 잘못 만들어진 그릇을 부수거나 새롭게 만드는 것처럼 말이죠. 보다 솔직히 말해서 우리는 하나님의 선택에 대해 따지거나 '왜 그러한지'에 대해 설명을 요청할 최소한의 권리도 없습니다. 그것은 오직 하나님의 절대적인 주권에 따른 자기 결정입니다. 그렇기 때문에 우리는 '내가 선택 받았구나', '내가 그리스도를 믿고 있구나', '이것이 구원이구나', '이것이 은혜의 결과구나'라는 사실을 깨달아 아는 일에 최선을 다해야 할 것입니다.

하나님께서는 영원 속에서 이 세상에 대해 작정하셨습니다. 그 작정은 창조 사역으로부터 시행되기 시작합니다. 그리고 하나님께서 자신의 존재와 영광을 드러내시기 위해 창조하신 온 세상을 다스리시며 유지하고 계시는데, 그렇게 하나님께서 이 세상을 돌보시는 행위를 '섭리'라 부릅니다. 구체적으로 말해, 섭리란 하나님께서 그의 모든 피조물을 하나님의 목적과 계획에 맞도록 보존하고 이끄시는 하나님의 사역을 말합니다.

그런데 사람들이 '하나님께서 섭리하신다'라고 말할 때에 오해하는 부분이 있습니다. 크게 범신론적 성향과 자연신론적 성향으로 나뉩니다. 먼저, 범신론적 성향을 가진 사람들은 하나님과 세상을 구별하지 않고 동일시합니다. 그들에겐 세상이 하나님이고, 하나님이 세상입니다. 그러니 초월적인 존재가 어디 있느냐, 자연 속 인간은 진화하는 가운데 스스로 생존하고 살아가야 한다며 섭리 교리 자체를 거부합니다.

또한 자연신론적 성향을 가진 사람들은 하나님께서 이 세상을 창조했고, 법칙을 확립하여 이 세상이 자동적으로 움직이게 해 놓으신 뒤, 세상에서 손을 떼셨다고 합니다. 그래서 우리가 고통당할 때 하나님은 없다고 말합니다. 하나님께서 내 삶에 관심도 없고 아무런 관여도 하지 않는다는 말입니다.

" 너희는 저 둘 중에서 어느 것이 더 옳은 거 같아?"

"둘 다 별로에요! 둘 다 내 스타일 아니에요!"

아이들의 이런 반응은 충분히 이해할 만합니다. 어떤 것이 옳을까요? 우리는 둘 다 받아들일 수 없습니다. 물론 '누가 그렇게 생각합니까?'라고 묻는 분도 있으시겠지만, 실제 장기 결석자들이나 낙심자들과 대화를 이어가다 보면, 위의 두 가지 성향으로 모아지는 것을 쉽게 볼 수 있습니다. 하나님은 없으니 인간이 스스로 해결해야 한다는 것입니다.

하지만 성경이 말하는 창조주 하나님은 자연신론자들의 생각처럼 세상을 떠나신 분도 아니요, 범신론자들의 생각처럼 세상 그 자체도 아니십니다. 하나님께서는 만물을 보존하시고 만물과 협력하시고 만물을 통치하시면서 이 세상을 하나님의 목적으로 이끄십니다. 그 섭리의 은혜 가운데 우리가 살고 있는 것입니다.

저는 아이들에게 종종 이런 말을 합니다. 만약에 우리가 출석하는 교회가 이단이라면, 만약에 우리가 출석하는 교회가 엉터리 사이비 교회라면 얼마나 허망할까요? 그렇기 때문에 부모님들에게 감사하다고 진지하게 얘기하라 합니다. 우리의 부모님께서 이단이 아닌 복음이 있는 바른 교회에 출석하고, 그 교회 안에서 나에게 믿음을 유산으로 전해 주고, 나를 언약 백성으로 살게 하셨기 때문에, 우리는 그 신앙을 물려주신 부모님께 반드시 감사해야 한다고 가르칩니다. 하나님께서 우리 부모님을 통해서 그렇게 섭리하시는 것입니다.

그 섭리의 은혜를 가르치는 목적으로 아이들에게 내 전화기로 부모님께 전화를 걸어 감사의 말을 전하게 해보았습니다.

> "이렇게 좋은 교회에 출석하여 바른 신앙을 가질 수 있게 해주셔서 감사합니다."

아이들이 이렇게 말하면, 어떤 부모는 낯선 번호의 전화에 차갑게 반응합니다.

> "무슨 일이야! 왜 이 번호로 전화해? 이 번호 뭔데?
> 무슨 일 있어?"

어떤 부모는 퀴즈인 줄 알고 반응합니다,

> "아멘? 할렐루야? 뭐라고 대답해야 해?"

다른 부모는 감격하며 눈물로 반응합니다.

"신앙 안에서 잘 커줘서 내가 더 고마워! 사랑해!"

이와 같은 통화를 지켜보면 아이들은 자신의 부모를 감사의 눈빛으로 다시 보게 되고, 부모들은 어깨에 힘이 딱 들어감과 동시에 하나님 앞에서 더 잘 살아야겠다는 다짐을 하게 됩니다. 이 모든 것이 하나님의 기뻐하시는 뜻 가운데 사는 것입니다.

하나님께서는 우리를 택하시고, 그의 기뻐하시는 계획을 품고 계시며, 그 목적으로 우리를 인도하십니다. 구원받기로 택함 받은 우리는 그렇게 될 것이며, 하나님의 거룩한 그 뜻은 반드시 이루어질 것입니다. 그렇게 하나님께서는 우리를 섭리하십니다. 다음세대인 우리 아이들에게 하나님께서 너를 향한 그만의 계획이 있으시다, 하나님께서 너를 향한 목적이 있으시다, 그 계획과 그 목적을 하나님께서 반드시 성취하실 것이라고 가르쳐야 합니다. 결코 실패하지 않으시는 하나님께서 너로 그의 목적에 이끌리는 삶을 살도록 인도해 주실 것이라 가르쳐야 합니다. 이렇게 하나님 안에서 자신의 삶의 의미와 목적을 찾고 깨닫게 해주는 것이 바로 다음세대를 세우는 일이요 부모세대로서 우리가 마땅히 해야 할 역할입니다.

† 마 6:31-34

31 그러므로 염려하여 이르기를 무엇을 먹을까 무엇을 마실까 무엇을 입을까 하지 말라 32 이는 다 이방인들이 구하는 것이라 너희 하늘 아버지께서 이 모든 것이 너희에게 있어야 할 줄을 아시느니라 33 그런즉 너희는 먼저 그의 나라와 그의 의를 구하라 그리하면 이 모든 것을 너희에게 더하시리라 34 그러므로 내일 일을 위하여 염려하지 말라 내일 일은 내일이 염려할 것이요 한 날의 괴로움은 그 날로 족하니라

: 웨스트민스터 대교리문답 :

17문: 하나님께서는 사람을 어떻게 창조하셨습니까?

답: 하나님께서는 다른 모든 피조물을 만드신 후에 사람을 남
자와 여자로 창조하셨는데,[1] 남자의 몸은 땅의 흙으로 빚
으셨으며,[2] 여자는 남자의 갈비뼈로 지으셨습니다.[3] 또
그들에게 살아 있고, 이성적이며, 죽지 않는 영혼을 주시
되,[4] 하나님의 형상대로[5] 지식과[6] 의와 거룩함이 있게 하
시고[7] 그들의 마음에 하나님의 율법을 주시고[8] 그 율법에
따라 살 수 있는 능력도 주셨으며,[9] 다른 피조물을 다스리
게 하셨습니다.[10] 그러나 타락할 수도 있게 하셨습니다.[11]

1) 창 1:27. **2)** 창 2:7. **3)** 창 2:22. **4)** 창 2:7; 욥 35:11; 전 12:7; 마 10:28; 눅 23:43. **5)** 창
1:27. **6)** 골 3:10. **7)** 엡 4:24. **8)** 롬 2:14-15. **9)** 전 7:29. **10)** 창 1:28. **11)** 창 3:6; 전 7:29.

: 하이델베르크 교리문답 :

6문: 그러면 하나님께서 사람을 그렇게 악하고 패역하게 창조하
셨습니까?

답: 결코 그렇지 않습니다. 하나님께서는 사람을 선하게,[1] 하나
님의 형상대로[2] 참으로 의롭고 거룩하게 창조하셨습니다.[3]
이는 사람이 그를 창조하신 하나님을 바르게 알고, 마음을
다해 사랑하며, 하나님과 함께 영원한 복락 가운데 살고,
하나님께 영광과 찬양을 드리게 하기 위함입니다.[4]

1) 창 1:31. **2)** 창 1:26-27. **3)** 엡 4:24; 골 3:10. **4)** 시 8:4-9; 계 4:11.

"인간이란 어떠한 존재인가요?"

하나님께서 온 세상을 창조하시고, 그 창조된 세상을 다스릴 인간을 자신의 형상으로 만드셨습니다. 창조를 설명하면서 가장 먼저 다루게 되는 '하나님의 형상'에 대한 개념은 늘 어렵습니다. 우리가 하나님의 형상으로 창조되었다는 가르침에, 9살 초등부 학생의 순진한 대답은 지금도 잊혀지지 않습니다.

"하나님이 저처럼 생겼어요? 그러면 안 되는데..."
"왜?"
"나 같이 생기면 안 되죠! 그래도 하나님인데~ 멋쟁이라면서요."

너무 귀했습니다. '멋쟁이 아빠 하나님'이란 어린이 찬양을 말하는 것입니다. 그런데 생각보다 형상을 겉모습으로 아는 아이들이 참으로 많습니다. 창세기 1장 26절을 보면, "하나님이 이르시되 우리의 형상을 따라 우리의 모양대로 우리가 사람을 만들고"라고 되어 있는데, '형상'은 몸을, '모양'은 영혼을 가리킨다거나, 형상은 자연적인 것, 모양은 초자연적인 것으로 이해하는 분도 있습니다. 정말 그럴까요? 아닙니다. 이 두 단어는 히브리어의 평행법에 따른 동의어입니다. 같은 의미의 다른 단어를 반복하여 강조의 의미를 나타내는 것입니다.

뿐만 아니라, 하나님은 '영'이십니다. 그렇기 때문에 하나님께서는 우리가 단편적으로 이해하는 외형적이고 가시적인 개념에서의 형상을 소유하고 있지 않습니다. 먼저 우리가 하나님의 형상으로 지음 받았다는 것은 다른 모든 생명체와 구별된 창조임을 말해 주는 것입니다. 그리고 '모든 것을 다스리게 하자'라는 명령을 주심은 창조주 하나님께서 그의 형상인 인간에게 대리하여 맡기신 기능 혹은 일이 있음을 의미합니다.

인간에게는 지성과 감정과 의지가 있습니다. 그리고 의롭고 선한 삶을 추구합니다. 하나님의 형상을 따라 창조되었기 때문입니다. 이는 인간 영혼의 본질적인 자질과 능력입니다. 바로 이러한 관점에서 우리는 서로에게 '당신은 특별합니다'라고 자주 축복의 말을 해주어야 합니다. 왜냐하면 무언가를 잘해서 특별한 것이 아니라, 우리들이 하나님의 형상이기 때문입니다. 우리들이 하나님의 자녀이기 때문에 특별한 것입니다.

그런데 그렇게 귀하게 하나님의 형상으로 지음 받은 우리였는데, 아담의 죄로 인해 우리는 죄 가운데 태어납니다. 그래서 어떤 목사님은 자신이 그토록 기다렸던 첫아들이 태어날 때, 탯줄을 자른 뒤 두근거리는 마음으로 자신의 아이를 처음 안고 그 아이에게 이 말을 했다고 합니다.

"너는 죄인이야!"

자신의 아이에게 건네는 첫마디가 '너는 죄인이야'인 것은 좀 그렇다고 생각은 되지만, 틀린 말은 또 아닙니다.

왜 우리는 태어날 때부터 죄인일까요? 아담이 선악을 알게 하는 열매를 먹지 말라는 그 언약을 깨뜨렸기 때문입니다. 이 부분에 대해 아이들은 정확하게 질문합니다.

"그게 왜 내 죄가 돼요?
나는 아직 태어나지도 않았을 때잖아요!"

아담의 죄가 우리의 죄가 되는 이유는 무엇일까요? 선악과를 먹음으로 인해 모든 인류가 첫 아담 안에서 죽게 되었고,

둘째 아담이라 일컬어지는 그리스도 안에서 그에게 속한 자는 살아나게 되었습니다. 이것의 의미가 무엇일까요? 그리스도와 아담을 모두 언약의 대표자로 인정하는 것입니다. 그러니 우리의 대표자인 아담의 죄가 우리의 죄가 되는 것입니다.

하루는 아담의 죄를 설명하는 중에, 한 아이가 투덜거리며 말했습니다.

"선악과를 먹은 것이 인류가 범한 최초의 죄악이야.
그래서 그 죄로 인해 우리가 죽음의 형벌을 받는거야."
"하나님 참 속 좁네요! 열매 좀 먹었다고 사람을 죽여요?"

옆에 있던 친구가 자기도 같은 생각을 했다는 것입니다. 어떻게 설명해야 할까요? 먼저 우리가 기억해야 할 것이 있습니다. 선악을 알게 하는 나무의 열매를 먹기 전에 인간은 '죽음'이 무엇인지 알았을까요? 경험해 본 적이 있을까요? 없습니다. "동산 중앙에 있는 나무의 열매는 하나님의 말씀에 너희는 먹지도 말고 만지지도 말라 너희가 죽을까 하노라 하셨느니라"(창 3:3) 하나님께서는 그들이 알지도 경험해 보지도 못한 상태에서 '죽음'을 공표하셨습니다. 이는 이 행위 언약의 조건 자체가 굉장히 무겁게 다루어져야 함을 말해 주는 것입니다.

이후 뱀의 유혹에 하와는 어떻게 반응했을까요? 하와의 대답은 "먹음직도 하고 보암직도 하고 지혜롭게 할 만큼 탐스럽기도 한 나무"(창 3:6)였습니다. 하와 자신이 판단할 때에 지적이고 감정적으로 좋아 보였습니다. 하지만 이 말이 있기 전에 뱀이 한 말이 보다 심각하지 않을까요? "너희가 결코 죽지 아니하리라 너희가 그것을 먹는 날에는 너희 눈이 밝아져 하나님과 같이 되어 선악을 알 줄 하나님이 아심이니라."(창 3:4-5) 하나님께서는 먹으면 '죽는다'라고 하셨는데, 뱀은 '안 죽는다'라고 했습니다. 심지어 '하나님과 같이 된다'고 했습니다.

한 걸음 더 들어가면, 선악과를 먹는 행위가 불순종이요 명백한 죄인데, 그 열매를 먹으면 왜 하나님과 같이 된다는 것일까요? 열매 하나 먹는다고 하나님과 같이 된다는 것이 그 열매의 신비한 능력일까요? 아닙니다. 그렇다면 '선악을 알게 한다'는 것의 의미는 무엇일까요? 그것은 무엇이 선이고 무엇이 악인지 판단할 수 있는 권한을 소유한다는 의미입니다. 무엇이 선이고 무엇이 악인지를 판단하고 정하는 일이 바로 '선악을 아는 일'입니다. 그 일은 오직 하나님께만 속함을 알려주는 것이 '선악과'인데, 뱀의 유혹의 수단으로 사용되어 사람이 그 유혹에 넘어가 버린 것입니다.

쉽게 말해서 하나님께서 '선악과를 먹는 행위는 악한 일이야'라고 말한 것을 하와가 좋게 보았던 것처럼, 하나님께서 악이라 정한 것을 인간이 선으로 여긴 것입니다. 바로 하나님의 말을 듣기보다 사단의 말을 더 옳다고 판단내린 것이죠. 그것이 바로 선악과를 먹은 죄의 심각성입니다. 그 죄가 우리에게 원죄가 됩니다. 그리고 그 이후의 모든 죄가 결국 인간이 하나님과 같이 되려는 교만에 있음을 우리는 보게 됩니다. 모든 사람, 심지어 갓 태어나 울고 있는 어린아이까지도 원죄 아래 태어나서, 죄의 결과인 죽음의 지배 하에 살게 되는 것입니다. 그렇기 때문에 우리에게 그리스도의 구원의 은혜가 절대적으로 필요한 것입니다.

> "이거 뭐... 그냥 선악과를 안 만들었으면 되는 거였잖아요!"
> "필요해서 만들었겠지."
> "내 생각에는 우리 엄마처럼 하나님께서 못 먹게 막았으면 됐을 거 같은데..."

초등부 1학년 아이들의 대화입니다. 얼마나 기특합니까! 하나님께서는 우리를 판단할 능력이 없는 어린아이나 로봇과 같이 만들지 않으셨습니다. 우리에게 자유의지를 주신 것은 우리와 기계적인 관계가 아닌 인격적인 관계를 누리기 위함이십니다. 하나님께서 인간의 자유의지를 전적으로 허락하셨다는 말은 죄를 지을 수도 있는 자유의지까지 주셨다는 의미입니다. 그럼에도 불구하고 죄의 원인은 우리에게 있지만, 그것조차도 하나님께서는 자신의 영광을 위해 사용하십니다.

> "죽으면 우리의 영혼은 천국으로 가고,
> 우리의 몸은 그냥 썩어서 없어져."
> "그런데 우리가 하나님의 형상이라면서요!
> 왜 죽을 때 몸은 천국에 못가요?"

제가 들은 어느 부모와 아이의 대화입니다. 놀랍지 않습니까? 아이들은 이런 것들을 궁금해합니다. 그런데 이와 같은 질문들에 적절한 대답이 주어지지 않는다면, 아이들은 더이상 질문하지 않게 될 것입니다. 그렇기 때문에 우리는 항상대답할 내용을 준비하고 있어야 합니다. 묻고 답하며 이해할때 신앙이 깊어지기 때문입니다.

성경을 읽으면 인간을 향해 '영혼'과 '육체'로 말하고 있는것을 심심치 않게 보게 됩니다. 이 문제에 있어서 우리는 오래도록 인간은 몸과 영혼으로 되어 있다는 이분설과, 몸과영과 혼으로 되어 있다는 삼분설로 논쟁해 왔습니다. 어떤것이 성경적 이해일까요? '육체는 어차피 썩어질 것이다', '없어져야 할 죄덩어리다', '영이 중요한가, 혼이 중요한가?'와 같은 말들은 잘못된 개념입니다. 성경은 인간을 '전인' 혹은 영혼과 육체가 하나로 구성된 '영육통일체'로 봅니다.

인간의 죽음과 구원에 대해 설명하던 중 아이들의 심각한
대화가 이어졌습니다.

> "우리 할아버지 화장하셨는데, 그러면 어떻게 해요?
> 그건 괜찮아요?"
> "우리 할아버지는 산에 묻히셨는데..."
> "그래도 몸이 썩잖아."

이에 대해 우리는 앞서 말한 '전인' 혹은 '영육통일체'를 어
떻게 설명할 수 있을까요? 물론 인간이 죽으면 몸은 썩고 영
혼은 천국 혹은 지옥에 가게 됩니다. 그렇다면 그렇게 분리
된 상태는 언제까지일까요? 딱 부활하기 전까지입니다. 이 기
간을 부활을 앞둔 '중간기' 혹은 '중간 상태'라고 일컫습니다.
이 기간을 제외하고는 인간은 영원토록 영혼과 육체가 하나
인 통일체로 존재합니다. 딱 부활하기 전까지만 영혼과 육체
가 분리됩니다. 영혼과 육체 혹은 영·혼·육이 따로 존재하는
것이 아닙니다.

의아해하는 분도 있을 수 있습니다. 예를 들어 봅시다. 구
약에서 죽지 않고 천국으로 간 두 사람이 있습니다. 에녹과
엘리야입니다. 신약에는 누가 있을까요? 예수님이 계십니다.

그는 부활의 몸으로 현재 하나님의 보좌 우편에 계십니다. 만약 육체가 썩어 없어져야 하는 것이라면, 우리 주님께서는 육체가 없는 상태로 부활 승천하셨을 것입니다. 하지만 그러지 않으셨습니다. 예수님께서는 몸을 가지고 하나님 보좌 우편에 오르셨습니다. 둘째 아담으로서 우리의 대표자 되신 예수님께서 '전인' 혹은 '영육통일체'로서 부활하신 것입니다.

우리는 하나님의 형상으로 지음 받았고, 아담의 죄로 인해 원죄 가운데 태어납니다. 우리는 그 죄와 사망의 상태에서 구원받습니다. 우리의 존재는 바로 그러합니다. 따라서 하나님 앞에서 우리의 삶을 늘 생각하며 그 구원의 은혜에 감사해야 합니다. 우리가 하나님의 창조 목적을 바르게 알고, 우리 자신의 존재와 삶의 목적을 바르게 알고, 우리 자신이 얼마나 특별한 존재인지 알고, 우리 자신이 감사가 넘치는 삶을 살고 있다는 것을 안다면, 이 세상에서 분명한 자기 정체성 가운데 하나님의 자녀로서 살아갈 수 있을 것입니다.

39문: 중보자는 왜 사람이셔야 했습니까?

답: 중보자가 사람이셔야 했던 이유는, 우리의 본성을 향상시
키시기 위해,[1] 율법에 순종하시기 위해,[2] 우리의 본성 안
에서 우리를 위해 고난을 받고 간구하시며,[3] 우리의 연약
함을 동정하시기 위해,[4] 그리하여 우리가 양자가 되고[5] 위
로를 받으며 은혜의 보좌 앞에 담대히 나아갈 수 있게 하
시기 위해서입니다.[6]

1) 히 2:16. **2)** 갈 4:4. **3)** 히 2:14; 히 7:24-25. **4)** 히 4:15. **5)** 갈 4:5. **6)** 히 4:16.

40문: 중보자는 왜 한 위person 안에서 하나님이시면서 사람이
셔야 했습니까?

답: 하나님과 사람을 화목하게 할 중보자가 한 위person 안에
서 하나님이시면서 사람이셔야 하는 이유는, 중보자의 신
성과 인성의 각 고유의 일이 위person 전체의 일로써, 우
리를 위해 하나님께서 받으시는 바가 되어야 하며,[1] 우리
가 의지하는 바가 되어야 하기 때문입니다.[2]

1) 마 1:21, 23; 마 3:17; 히 9:14. **2)** 벧전 2:6.

ː 하이델베르크 교리문답 ː

16문: 중보자는 왜 참 사람이시면서 완전히 의로우신 분이셔야
     합니까?

 답: 하나님의 공의는 죄지은 사람이 그 죗값 치르기를 요구합
     니다.[1] 하지만 그 자신이 죄인인 사람은 다른 사람을 위해
     죗값을 치를 수 없기 때문입니다.[2]

1) 사 53:3-5; 렘 33:15; 겔 18:4, 20; 롬 5:12, 15; 고전 15:21; 히 2:14-16. **2)** 시 49:7-8; 히
7:26-27; 벧전 3:18.

17문: 중보자는 왜 동시에 참 하나님이셔야 합니까?

 답: 중보자가 그의 신적 능력으로[1] 하나님의 진노의 무게를[2]
     그의 인성에 짊어지시며,[3] 우리에게 의와 생명을 회복시켜
     주시기 위함입니다.[4]

1) 사 9:6; 롬 1:4; 히 1:3. **2)** 신 4:24; 시 130:3; 나 1:6. **3)** 사 53:4, 11; 요 10:17-18. **4)** 사
53:5, 11; 54:8; 요 3:16; 행 20:28; 고후 5:21; 벧전 3:18.

"예수님은 왜 사람이 되셔야 했나요?"

사람은 하나님의 형상으로 지음 받았지만 아담의 원죄로 인해 아담 이후의 모든 인류는 죄 가운데 태어납니다. 그 죄로부터의 구원은 오직 은혜로 말미암습니다. 그런데 예수님은 왜 사람이 되어야 하셨나요? 이 기초적인 질문을 한번 다뤄보고자 합니다. 하나님의 형상으로 지음 받은 인간이 죄를 지음으로 인해 하나님과의 언약 관계가 깨어졌습니다. 그 죄로 인해 인간은 더 이상 하나님과 함께 할 수 없는 존재가 되었는데, 그것을 가장 잘 보여주는 사건이 무엇일까요? 바로 하나님과 함께 거하였던 에덴동산에서 쫓겨난 일입니다. 하나님과 죄가 함께 할 수 없기 때문입니다.

죄로 인해 더 이상 하나님과 함께하지 못하게 되었지만, 인간은 원래 하나님과 함께 살도록 지음 받은 존재입니다.

그럼 이제 어떻게 되어야 할까요? 그 쫓겨난 에덴동산으로 다시 돌아와야 됩니다. 회복의 필요성이 여기에 있는 것입니다.

죄로 타락한 인간에게 하나님께서 곧바로 주신 것이 바로 은혜언약입니다. 이는 인간이 하나님의 은혜로 완전한 구원을 얻을 수 있도록 하나님께서 주신 언약입니다. 그렇다면 그 은혜 언약이 가리키는 분이 누구일까요? 그 은혜 언약을 성취하는 분이 누구일까요? 바로 예수님이십니다.

그렇다면 여기서의 근본적인 질문은 왜 하나님이신 성자 예수님께서 굳이 사람이 되셔야 했는가입니다. 기초적인 질문이지만 반드시 알아야 하는 내용입니다. 필자 역시도 신대원 시절 기독론 수업 때 이 질문을 교수님께 드린 적이 있었습니다.

"예수님은 왜 꼭 사람이 되셔야 했나요?"

솔직히 손을 들고 질문하는 것 자체가 부끄러웠습니다. 신학내학원 2학년 생인데, 교회 전도사인데, 누구나가 다 아는데 나만 모르는 건 아닌가 하는 생각 때문이었습니다. 하지만 저의 질문의 의도는 '반드시 꼭 이 방법으로만 가능하셨는가?'였습니다.

다행히 좋으신 교수님께서는 아주 자세히 대답해 주셨습니다. 모든 의문이 쉽게 풀렸습니다. 수업이 끝나자 여러 동기들이 제 자리로 찾아와 고마움을 전했던 기억이 납니다. 생각보다 많은 사람들이 정작 왜 예수님께서 굳이 사람이 되셔야 하는지에 대한 구체적인 이유를 알지 못한 채 십자가 복음을 받아들이고 있는 것입니다.

저는 아이들에게 예수님의 십자가 죽음을 설교하거나 가르칠 때 연기를 하면서 이왕이면 실감나게 가르치려고 합니다. 이를 두려워하는 아이들도 종종 있습니다.

> "하나님께서는 왜 이렇게 무섭고 잔인한 방법을 사용하세요?"
> "꼭 그렇게 했어야 해요?"

이 질문들은 '예수님께서 반드시 십자가에서 죽어야 했는가? 다른 방법은 없었는가?'를 묻는 것과 동시에 또 다른 무언가를 묻고 있는 질문입니다. 예수님께서 사람이 되지 않고서도 하나님께서는 우리를 충분히 구원하실 수 있지 않느냐는 것이죠. 한 중학생 아이가 질문을 합니다.

> "구약시대에도 하나님께서 믿음으로 의롭게 되어 구원하셨다면서요. 그러니까 구약의 방법 그대로 믿음으로 구원하시면 되지 않았을까요?"

전능하신 하나님께서 그의 무한한 능력으로 충분히 온 우주와 만물을 구원하실 수 있지 않느냐는 것입니다. 어떻게 생각하십니까? 하나님께서 그의 전능하신 능력으로 아들 예수님의 희생 없이 우리를 구원하시면 되는 거 아니셨을까요?

그렇다면 '엘리 엘리 라마 사박다니', '어찌하여 나를 버리셨나이까'(마 27:46)하고 슬퍼하고 괴로워하실 필요가 없었지 않았을까요? 우리 역시도 예수님이 십자가 위에서 하신 말씀으로 더 이상 가슴 아파하지 않아도 되지 않았을까요? 그러나 하나님은 그렇게 하지 않으셨습니다. 왜일까요? 이런 질문도 있었습니다.

> "하나님께서 세상을 사랑하신다면서요, 왜 꼭 자기 아들을 죽이면서까지 사랑해야 했을까요? 너무 원시적인 거 같아요. 그냥 사랑으로 구해 주시면 되잖아요?"

이것에 대해서는 어떻게 생각하십니까? 하나님은 사랑의 하나님이신네, 그 크신 사랑으로 구원해 주면 되는 거 아닐까요? 구약의 이스라엘 백성들을, 우상을 섬기며 불순종하던 그들을 그래도 참고 또 참으시다가 구원하셨다면서 왜 신약에 와서는 아들이신 예수님을 죽게 하셨을까요? 하나님의 능력과 사랑으로 죄인 된 우리를 그냥 구원하시면 되는 거 아닌가요? 그의 전능하심과 충만한 사랑이 얼마든지 그렇게 하실 수 있지 않을까요? 대답은 뭘까요? 그럴 가능성은 있습니다. 그런데 문제가 있습니다. 하나님의 의가 훼손됩니다. 하나님의 정의가 만족되지 못하는 것입니다.

예를 들어 봅시다. 우리는 우리의 자녀를 너무도 사랑합니다. 그런 자녀들이 잘못을 해도 대부분의 부모들은 용서를 합니다. 그렇다고 마냥 용서하진 않습니다. 뭘 잘못했는지 알게 하고, 잘못에 대해 용서를 구하고, 다시는 그러지 않도록 하지 않을까요? 무엇을 잘못했는지, 그 잘못이 얼마나 큰지, 왜 용서해 주는지, 제대로 뉘우치는지 다 확인하고 용서해 줍니다. 자신의 잘못을 인정하지 않거나 무엇을 잘못했는지 모른다면, 우선은 혼을 냅니다. 그렇게 해서라도 잘못을 깨닫고 뉘우치게 합니다. 그래야 용서를 받는 것입니다.

만약 책망 없이 용서만 이루어진다면 그 용서는 가치가 없을뿐 아니라, 그의 백성들에게 언약을 주시고 율법을 주신 하나님의 의도와 목적을 무의미해지게 만듭니다. 하나님 편에서 의롭지 못한 것입니다. 불법과 불의한 상태를 그대로 남겨둔 채, 하나님의 말씀이 무시된 채 그의 의로운 사랑을 드러낼 수는 없는 것입니다. 그렇기 때문에 그 의를 만족케 하기 위해서 하나님께서 인간이 되셔야 했던 것입니다.

보다 구체적으로 말하면, 우리는 무엇을 통해 죄를 알게 되고 죄를 깨닫게 될까요? 율법입니다. 그래서 성경은 사람이 율법 아래 있다고 말합니다(고전 9:20). 이 율법은 유대인들이 만들어낸 법이 아니라 하나님께서 친히 주셨습니다. 하나님께서 왜 주셨을까요? 이스라엘이 하나님의 언약 백성임을 증거하기 위함이셨습니다. 그렇기 때문에 율법은 완전한 순종과 완전한 속상(贖償, satisfaction)* 이 두 가지로 인해서 무흠하게 성취된다고 볼 수 있습니다.

그렇다면 인간이 이 율법에 완전히 순종할 수 있을까요? 죄 된 본성 가운데 있는 모든 인간은 그 율법을 완전히 지킬 수 없습니다. 물론 어떤 순간에 특정 율법을 비교적 온전하게 지킬 수 있을지는 몰라도, 일평생 그 모든 율법을 마음과 행위에서 온전하게 지키지는 못합니다. 그러니 의인은 없나니 하나도 없는 것입니다.

정말로 착하게 자란 장로님의 딸이 있었습니다. 한번은 수련회 때 십계명 특강을 한 뒤에 나눔을 하면서 자신의 차례가 되자 조심스럽게 입을 열며 말했습니다.

---

* 편집자주: 속상(贖償, satisfaction)은 피해를 준 것에 대한 대가를 지불하여 면죄되는 것을 말합니다. 웨민 신앙고백서 11조 3항에 나오는 '그리스도께서… 하나님의 공의를 만족시키셨다'는 대목을 예전에는 '… 속상(贖償)을 드렸다'라고 번역하기도 했습니다.

"저는 지금까지 그리 착하게 산 건 아니지만, 일평생 십계명만은 확실히 지키며 살아왔다고 생각해 왔습니다. 제 자신은 십계명을 어긴 적이 없었다고 생각했는데, 강의를 듣고 나니 단 하나도 제대로 지키고 있지 않았던 것 같아 충격이에요. 특별히 저는 살인하고는 아무런 상관이 없을 줄 알았는데 그게 아니네요! 이제야 의인은 없나니 하나도 없다는 말이 더 정확히 이해가 됩니다."

내가 아닌 다른 누군가를 향한 말씀으로 막연히 여겨왔던 내용이 자신을 향한 말씀으로 진실하게 받아들여진 것입니다. 이 청년의 나눔으로 인해 함께 하던 모든 이들이 진실로 하나님 앞에서 자신의 부족함과 연약함을 공감할 수 있었습니다.

다음으로 완전한 속상(보상)이 있어야 무흠한 성취를 이루는데, 율법을 범했을 때에 우리가 과연 그 율법이 요구하는 값을 완전히 갚을 수 있을까요? 없습니다. 죄의 삯은 사망이기 때문입니다. 그러면 죄의 값을 나의 죽음으로 내가 갚아버리면, 어떻게 될까요? 나는 구원을 받을 수 없습니다. 죄의 형벌인 죽음으로 끝나는 것입니다.

타락된 본성 가운데 있는 죄인인 인간은 하나님의 율법을 만족시키지 못합니다. 하지만 그럼에도 불구하고 인간은 하나님의 언약 상대자임이 분명합니다. 한쪽의 언약 이행이 불가능하면 이 언약은 깨어지게 됩니다. 그렇다면 '이 언약을 반드시 성취하겠다' 하신 하나님의 말씀도 깨어지는 것이고, 하나님은 그의 약속하심에 실패자가 되는 것입니다. 그러니 그 모든 것을 만족시킬 방법이 필요한데, 그것이 바로 하나님이 인간이 되시는 것입니다. 하나님께서 율법 아래 있는 인간으로 오시는 것입니다. 그래서 인간이 감당해야 할 그 율법을 완전히 성취하시는 것입니다.

그런데 그 율법이 요구하는 모든 것을 무슨 능력으로 다 성취할 수 있을까요? 인간의 능력으로는 불가능합니다. 신적인 능력이 필요합니다. 다시 말해, 모든 죗값을 죽음으로 감당하고 그 죽음을 이길 수 있는 능력이 필요합니다. 그렇기 때문에 예수님께서 성육신 하셔야 하는 것입니다. 이 중보자는 참 하나님임과 동시에 참 사람으로, 참된 신성과 참된 인성을 소유하시고 우리 가운데 온전한 인격으로 오신 분입니다.

'예수님께서 왜 꼭 사람이 되셔야 했을까요?'란 질문에 대한 대답은 '반드시 사람이 되셔야 했다'입니다. 왜냐하면 우리가 율법 아래서 죄인 된 존재이기에, 우리를 대신해서 하나님의 모든 말씀을 성취하시고 우리를 구원하셔야 했기 때문이죠. 우리는 '예수님께서 오셨다'에 머문 신앙이 아니라, 예수님께서 오신 이유를 아는 신앙을 간직해야 합니다. 우리의 죄가 얼마나 심각한 것인지 깨닫고, 왜 예수님께서 오셔야 하는지를 확실히 아는 신앙의 삶을 살아야 합니다.

: 웨스트민스터 대교리문답 :

52문: 그리스도께서는 부활을 통해 어떻게 높아지셨습니까?

답: 그리스도께서는 부활을 통해 다음과 같이 높아지셨습니다. 그리스도께서는 죽으셨으나 썩지 않으셨고(이는 그리스도께서 사망에 매여 있을 수 없기 때문입니다[1]), 고난 받으실 때의 몸과 본질적으로 같은 속성의 몸이(그러나 이 몸은 죽음이 없고, 이 세상에서 누구나 겪는 연약함이 없습니다),[2] 그리스도의 영혼과 실제로 연합하여,[3] 셋째 날에 죽은 자 가운데서 자신의 능력으로 다시 살아나셨습니다.[4] 이로 말미암아 그리스도께서는 자신을 하나님의 아들로 선포하셨고,[5] 하나님의 공의를 만족시키셨으며,[6] 죽음과 죽음의 권세 가진 자를 정복하셨고,[7] 산 자와 죽은 자의 주가 되셨습니다.[8] 이 모든 일은 그리스도께서 교회의 머리로서,[10] 교회의 대표로서 행하신 것인데,[9] 곧 믿는 자들이 의롭다 하심을 받게 하고,[11] 그들을 은혜로 살리며,[12] 그들이 원수들과 대항하여 싸우도록 도우시고,[13] 마지막 날에 그들을 죽은 자들 가운데서 다시 살리실 것을 그들에게 확신시키기 위해서 하셨습니다.[14]

---

1) 행 2:24, 27. **2)** 눅 24:39. **3)** 롬 6:9; 계 1:18. **4)** 요 10:18. **5)** 롬 1:4. **6)** 롬 8:34. **7)** 히 2:14. **8)** 롬 14:9. **9)** 고전 15:21-22. **10)** 엡 1:20, 22-23; 골 1:18. **11)** 롬 4:25. **12)** 엡 2:1, 5-6; 골 2:12. **13)** 고전 15:25-27. **14)** 고전 15:20.

: 하이델베르크 교리문답 :

45문: 그리스도의 부활하심이 우리에게 주는 유익은 무엇입니까?

답: 첫째, 그리스도께서는 부활하심으로 죽음을 이기셨는데, 자신의 죽으심으로 말미암아 우리를 위해 얻으신 의에 우리가 참여하게 되었습니다.[1] 둘째, 그리스도의 능력으로 말미암아 우리가 새로운 생명으로 다시 태어났습니다.[2] 셋째, 그리스도의 부활하심은 우리의 영광스러운 부활에 대한 확실한 보증입니다.[3]

---

1) 롬 4:25; 고전 15:16-18. 2) 롬 6:4; 엡 2:4-6; 골 3:1-3; 벧전 1:3. 3) 롬 8:11; 고전 15:20-22; 빌 3:20-21.

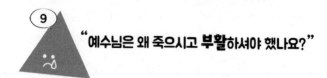

9

"예수님은 왜 죽으시고 부활하셔야 했나요?"

언약 관계 안에 있는 사람에게는 죄의 문제를 해결 받기 위해 참으로 사람이면서도 참으로 하나님이신 중보자가 필요했습니다. 그가 바로 오실 메시아로 오셨는데 그 이름을 '예수'라 하셨습니다. 그 이름의 뜻이 무엇일까요? "그가 자기 백성을 그들의 죄에서 구원할 자"(마 1:21)입니다. 이는 한 마디로 말해서 '구원자'라는 것입니다.

예전에 학교 앞에서 전도할 때였습니다. 교문에서 나오는 한 여자아이에게 자연스럽게 다가가 말을 걸었습니다.

"친구야! 예수님 믿어야지?"

"누구요?"

"예수님!"

잠시나마 대화를 이어가다가 그 아이가 마지막으로 하고 떠난 말이 이것이었습니다.

"외국인을 내가 왜 믿어요?"

저는 그 말을 듣는 순간 멍했습니다. '아! 이 아이들에게 는 예수님이 외국인으로 느껴질 수도 있구나!' 처음 복음을 전해 듣는 아이 입장에서는 '예수님'이라는 이름 자체가 이질 감을 줄 수도 있음을 깨달았습니다. 예수님의 이름을 처음 듣는 사람들에게는 그 이름 자체가 민우, 지혜, 하은과 같은 한국 이름 같이 느껴지지 않을 것이기에 그 간극을 메꾸 는 작업이 정말로 중요하겠구나 생각했었습니다.

교회도 마찬가지입니다. 우리는 이미 오래도록 예수님에 대해 전하고 듣는 일에 익숙하여 큰 문제가 없지만, 인류 역 사를 배우기 시작할 즈음부터는 '왜 우리가 이스라엘이라는 작은 나라의 역사를 배워야 해? 왜 우리가 이스라엘에서 죽 임 당한 사람을 나의 구원자로 믿어야 해?'라는 질문들이 자 연스럽게 나올 수 있습니다. 우리는 그러한 아이들의 시각을 주의 깊게 보아야 할 필요가 있습니다. 자신의 이성으로 납 득이 되지 않는 것에 대해 따지기 좋아하는 시기의 우리 자 녀들에게 그들이 이해할 수 있는 언어와 논리로 답을 줘야 할 의무가 우리에게 있습니다. 하나님께서 세상을 창조하셨고, 이스라엘을 택하셨고, 약속대로 유대 혈통 가운데 자신의 아들을 왕으로 보내셨습니다. 그래서 우리가 온 세상의 창조주요 주인이신 하나님께서 보내주신 구원자를 믿어야 한다고 말해줘야 하는 것입니다.

구원을 위해서는 무엇이 이루어져야 할까요? 구원자가 오셔야 합니다. 그가 오셔서 무엇을 행하셔야 합니까? 고난 받으셔야 합니다. 하나님께서 우리와 함께 계시는 분이심을 강조함과 동시에 우리를 위한 대속적인 죽음이 성육신의 목적이라는 것입니다.

그런데 복음서를 보면 예수님의 마지막 일주일에 대부분의 내용이 할애되고 있습니다. 그뿐 아니라 그 내용들을 보면 예수님께서 말씀을 가르치시고, 선포하시고, 고치시는 모든 구원의 사역 가운데 하나님께 영광을 돌리고 계심을 볼 수 있습니다.

그렇다면 죽기 전의 예수님의 인생을 어떻게 평가할 수 있을까요? 그 시간 역시 고난의 시간이었습니다. 왜 그럴까요? 먼저 예수님께서 참으로 하나님이시기 때문입니다. 이 말은 본성적으로 그리고 질적으로 차원이 다르다는 말입니다. 그가 창조주임에도 불구하고, 모든 만물을 만드실 능력을 소유하고 계심에도 불구하고, 그 모든 능력을 제한하시고 자신이 만든 피조물들과 같이 되신 것입니다. 사람이 벌레가 되는 것은 피조물 사이의 변화이지만, 하나님이 사람이 되는 것은 창조주가 피조물이 되는 것입니다. 만약에 우리가 모든 감각을 다 소유한 채 연약한 벌레나 구더기와 같은 존재로 산다면 우리는 행복할까요? 너무도 괴롭고 고통스러울 것입니다. 바로 그것입니다. 만유의 주가 종의 삶을 사는 것입니다. 이 이야기를 했을 때 장난기 많은 한 아이가 이런 말을 했습니다.

"똥통에 빠진 구더기~"
"아~ 싫다 싫어! 나 잠깐 상상했어~"

한 남자아이는 짓궂게도 괴상한 얼굴 표정을 지으며 아이들을 놀리기도 했습니다. 아이들은 자신들이 세상의 미물이 된다는 것 자체를 상상도 하기 싫어했습니다. 바로 그보다 더한 낮아짐, 그보다 더한 겸손이 바로 하나님이신 예수님께서 사람이 되신 일입니다.

그뿐 아니라 참 하나님이시며 죄가 없으신 분이 죄로 타락한 세상에 오셨습니다. 죄로 저주받은 사람들과 함께 지내야 하고, 불의한 바리새인들이나 사두개인들이나 유대 지도자들로부터 온갖 시험을 당하셔야 했습니다. 그 모든 일의 절정은 무엇이었을까요? 무지한 죄인들에게 정죄받아 십자가 고난을 감당하셔야 했던 일입니다.

예수님께서 받으신 십자가형은 로마 제국의 가장 잔인한 형벌 중 하나였습니다. 심판 과정에서부터 처형 장소로 이동하는 도중, 십자가형의 집행까지 온갖 조롱과 비난과 핍박을 받을 뿐만 아니라, 온몸이 벌거벗겨져서 저주스러운 상태로 죽기까지 매달려 있는 것입니다. 안식일 전에는 시체를 거두기 위해 다리뼈를 부러뜨려 버립니다. 그렇게 십자가에 오랜 시간에 매달려 있다 보면 몸이 아래로 처지게 되고, 처진 몸이 횡격막을 압박해서 숨을 쉬지 못하여 결국 질식사하는 것입니다. 다시 말해, 벌거벗은 상태의 수치, 사지가 결박당하여 저항할 수 없는 공포 가운데 질식사한다는 것입니다.

그런데 왜 유대인인 예수님께서는 로마의 형벌인 십자가형벌을 받았을까요? 먼저, 그때 당시가 유월절 기간이었기 때문에 유대 지도자들은 자신들의 손에 피를 묻히지 않기 위해 그들의 율법에 따른 거룩과 성결을 유지하고자 했던 것입니다. 그리고 예수님께서 "나무에 달린 자는 하나님께 저주를 받았음이니라"(신 21:23)는 말씀을 성취하시기 위함이었습니다. 죄로 인한 저주를 무죄하신 예수님께서 공개적으로 감당하셨음을 드러내신 것입니다. 그 십자가 형벌이 우리에게 구원의 메시지가 됩니다.

예수님께서는 장사된 지 삼일 만에 부활하셨습니다. 그가 말씀하신 대로 자신의 육체인 성전은 허물어졌지만, 그 무너진 성전을 3일 만에 다시 일으키셨습니다. 성경대로 죽으시고 성경대로 부활하셨습니다(고전 15:3-4). 요일로 말하면 금요일에 죽으시고 주일에 부활하셨습니다. 이 '3일'을 '3일 후'로 잘못 계산해서 토요일, 일요일을 지나 월요일에 부활하신 것으로 생각하면 안 됩니다.

그런데 우리는 부활에 대한 설교를 일 년 중 몇 번이나 들을까요? 대부분 부활절에 한번 듣는 것에 그칩니다. 예수님의 십자가 죽음을 고난주간 동안에는 그래도 깊이 있게 묵상합니다. 하지만 부활절이 지난 이후에는 고난주간 때만큼 깊이 묵상하지 않습니다. 부활이 없으면 우리의 믿음이 헛것임에도 불구하고, 결국 우리의 죽음의 문제를 해결하기 위해서 예수님께서 죽으시고 부활하셨음에도 불구하고, 부활에 대한 묵상이 너무나도 짧은 감사 혹은 행사로 대치되는 건 아닌가 생각해 봅니다.

초등부 저학년 아이들에게 '부활절이 무슨 날이야?'라고 물었습니다. 그 대답이 재밌었습니다.

"부활절이요? 계란 먹는 날이요."
"떡볶이 먹는 날이요."
"엄마가 칸타타 하는 날이요!"

사실 부활절에 굳이 계란을 안 먹어도 되지 않을까요? 칸타타보다 부활의 설교가 더 기억되는 주일이 되어야 하지 않을까요? 사실 아이뿐 아니라 어른들 역시도 부활절의 의미보다 부활절을 위한 행사에 더 몰두할 때가 많습니다.

예수님의 죽으심은 그의 부활의 약속을 이루기 위한 과정이었습니다. 즉, 그리스도의 고난은 부활이라는 목표에 이르기 위해 지나야 할 과정이었습니다. 그렇기 때문에 우리는 그리스도의 죽음과 더불어 그의 부활하심을 지금보다 더 많이 강조하고, 십자가와 같은 무게로 다루어야 합니다.

부활 자체에 대해 좀 더 살펴보겠습니다. 부활은 단순히 예수님의 영혼과 육체가 다시금 재결합하는 차원에 머무는 것이 아닙니다. 재결합했지만 이전과 아무런 차이가 없다면 그 죽음의 의미는 없을 것입니다. 즉, 부활은 타락 이전의 사람으로 회복시키시는 것입니다. 첫 사람 아담이 '생령'이 되었다면, 마지막 아담은 '살려주는 영'이 되었습니다(고전 15:45). 예수님께서 부활하심으로 이전과 다르게 신령한 몸이 되셨듯이, 우리도 그와 같이 신령한 몸으로 부활할 것입니다.

그렇다면 부활 자체가 성경적으로 가지는 의미는 무엇일까요? 메시아로 오신 예수님께서 율법의 모든 요구를 다 이루셨다는 말입니다. 율법이 우리에게 요구하는 모든 값을 다 치르셨다는 말입니다. 모든 것을 다 이루신 예수님께서 부활의 몸, 타락 이전으로 회복된 몸, 신령한 몸을 입으셨다는 사실은 모든 믿는 자들의 거듭남과 거룩하게 됨과 최종적 부활을 상징합니다. 그뿐 아니라 우리 역시 주의 재림의 때에 영광으로 부활하게 되는 순간, 그 부활의 원인이자 근거가 됩니다. 그리스도의 부활이 없으면 우리의 부활도 없습니다. 그리스도의 부활은 우리의 복된 부활에 대한 확실한 보증이 되는 것입니다.

우리의 머리 되신 예수님께서 죄로 죽을 수밖에 없는 우리를 대신하여 죽으셨고, 그 사망 권세를 이기고 부활하셨습니다. 우리는 그리스도와 함께 죽고 그리스도와 함께 살게 되었습니다. 그렇기 때문에 예수님의 죽음은 나의 죽음이요, 예수님의 부활은 우리의 부활입니다. 이러한 부활 신앙이 우리 자신에게 흔들리지 않는 믿음으로 심겨지길 소망합니다. 이를 통해 '내가 바로 십자가에서 죽으시고 부활하신 그리스도의 사람입니다! 나는 그리스도인입니다'라고 자신 있게 외칠 수 있는 그리스도인이 되셨으면 좋겠습니다.

: 웨스트민스터 대교리문답 :

42문: 우리의 중보자를 왜 그리스도라고 부릅니까?

답: 우리의 중보자를 그리스도라고 부르는 것은, 성령으로 한
량없이 기름부음을 받으심으로[1] 거룩히 구별되시고, 자신
의 낮아지심과 높아지심 모두에서 자신의 교회를 위해 선
지자와[3] 제사장과[4] 왕의[5] 직분을 행하시기 위해 모든 권
세와 능력을 충만히 받으셨기 때문입니다.[2]

1) 요 3:34; 시 45:7. **2)** 요 6:27; 마 28:18-20. **3)** 행 3:21-22; 눅 4:18, 21. **4)** 히 5:5-7; 히
4:14-15. **5)** 시 2:6; 마 21:5; 사 9:6-7; 빌 2:8-11.

: 하이델베르크 교리문답 :

31문: 왜 예수님을 기름부음을 받은 자라는 의미를 지닌 "그리
스도"라고 부릅니까?

답: 왜냐하면 예수님께서는 성부 하나님께로부터 세움을 받
으시고 성령으로 기름부음을 받으심으로[1] 큰 선지자와 선
생이 되셔서 우리의 구원을 위한 하나님의 감추어졌던 계
획과 뜻을 우리에게 온전히 계시하시고,[2] 대제사장이 되
셔서 자신의 몸을 희생제물로 단번에 드려 우리를 구속하
시고,[3] 우리를 위해 하나님 아버지께 항상 간구하시며,[4]
우리의 영원한 왕이 되셔서 그분의 말씀과 성령으로 우리
를 다스리시고, 우리를 위해 값 주고 사신 그 구원을 우리
가 누리도록 우리를 보호하시고 보존하시기 때문입니다.[5]

1) 요 3:34; 시 45:7. **2)** 요 6:27; 마 28:18-20. **3)** 행 3:21-22; 눅 4:18, 21. **4)** 히 5:5-7; 히
4:14-15. **5)** 시 2:6; 마 21:5; 사 9:6-7; 빌 2:8-11.

"그리스도의 삼중직이란 무엇인가요?"

우리의 머리 되신 예수님께서 성경대로 죽으시고 성경대로 부활하셨습니다. 우리 역시도 예수님과 함께 죽고 함께 살게 되었습니다. 우리는 우리 주님 되신 예수님을 그리스도라 부릅니다. 그리스도의 뜻은 '기름부음을 받은 자'이고, 명칭으로서는 구약의 '메시아'를 가리키는 헬라어 표현입니다. 유대인들은 오실 메시아, 즉 그들을 구원할 왕을 기다렸습니다. 하나님으로부터 기름부음 받아 세워진 자, 하나님으로부터 보냄 받은 자를 기다렸다는 것입니다. 바로 그 히브리어의 '메시아'가 헬라어로 '그리스도'입니다.

우리가 교회에서 예수님을 그리스도라 부르지만, 초신자들의 경우 그리스도에 대해 정확히 이해하지도 못하고, 그저 이름으로만 압니다. '예수'가 이름이고 '그리스도'가 성이라고 막연하게 생각하는 사람도 있습니다. 그런데 그런 사람들에게 '그리스도는 직분적 명칭이야'라고 자세히 설명하면 이런 말을 하곤 합니다. '직분은 또 뭐예요? 교회는 말이 너무 어려워요!'

직분이란 무엇일까요? '직분'은 직장에서 대리, 과장, 부장과 같이 승진하는 개념이 아닙니다. 직분은 하나님의 구속 사역을 위해 부여된 일을 섬기는 역할을 말합니다. 구약에서 특별히 선지자와 제사장과 왕이 하나님나라의 구원 역사를 위해 섬김의 자리로 세움을 받았고, 최종적으로 예수님께서 그리스도로서 그 섬김의 자리로 오셨습니다. 구약의 선지자와 제사장과 왕, 이 세 직분만이 하나님의 구원 사역을 위해 기름부음을 받았고 그 직분을 예수님께서 그의 사역 가운데 성취하셨습니다.

먼저 그리스도의 선지자직을 살펴봅시다. 선지자가 누구인가요? 하나님의 말씀과 뜻을 먼저 알고 가르치는 자가 바로 선지자입니다. 다른 말로 하나님의 백성들의 현재와 미래를 말하는 자라는 것입니다. 선지자에 대한 설명 중 한 아이가 두 손을 모아 기도하며 갑자기 말했습니다.

"하나님! 선지자의 능력 주세요! 믿음으로 서울대 가겠습니다! 보내만 주세요!"

선지자는 미래를 볼 수 있으니, 공부 안 해도 수능 만점을 받을 자신이 있다는 생각입니다. 선지자직은 이런 사사로운 것을 본다는 개념이 아닙니다. 하나님의 나라와 그의 구원 사역과 관련된 일들을 아는 것입니다.

예수님께서 선지자로 오신 이유는 구약 선지자들의 말씀을 하나씩 모두 성취하기 위해서입니다. 그뿐 아니라 스스로 모든 율법의 말씀과 요구를 성취하시면서 우리를 구원하시기 위해서입니다. 예수님께서는 구약의 율법을 도덕적이고 영적인 면에서 보다 깊이 있고 보다 정확하고 완전하게 해석해 주셨습니다. 그 해석을 따라 온전한 그리스도인으로 살아가는 법을 알려주셨습니다.

다음으로 예수님께서는 제사장으로 오셨습니다. 삼중직을 가르칠 때 어려운 부분이 바로 제사장입니다. 왜냐하면 '제사'라는 단어 자체가 굉장히 거부감이 들뿐 아니라, 요즘 아이들의 대부분은 '제사'와 거리가 멀기 때문입니다.

한번은 한 50-60명이 모인 청년부 예배 때 청년들에게 질문한 적이 있습니다.

"제사 지내는 거 직접 본 적 있는 사람 손들어 봐요."

몇 명이 손들었을까요? 아무도 없었습니다. 대부분 모태 신앙이기도 했고, 그들에게 제사 문제는 부모님 세대에서 이미 대부분 끝난 일이었습니다.

우리가 흔히 교회에서 '제사드리지 말라' 하는 것은 우상숭배를 금하는 개념에서 말하는 것입니다. 우리는 오직 하나님께 제사를 드립니다. 지금도 우리는 우리의 삶으로 제사를 드립니다. 그것을 '영적 예배'라 일컫습니다. 그렇기 때문에 우리는 주일 예배뿐 아니라 우리의 삶이 하나님 앞에서 예배하는 삶이 되도록 가르쳐야 합니다.

그런데 구약에서 반복해서 드리던 그 제사를 예수님께서 마지막 희생제사로 드리셨습니다. 그 단 한 번의 제사로 인해 영원한 제사의 의미와 효력을 성취하셨습니다. 제사장은 단순히 제사를 드리는 일을 하는 것이지만, 그 제사는 제사장이 하나님께서 가르쳐주신 방법대로 행하여 하나님께 나아가는 행위입니다. 즉, 백성의 중보자로서 백성을 대신하여 하나님께 나아가고, 백성의 제사를 통해 하나님의 용서를 요청하고 중재하는 자인 것입니다.

그렇다면 제사장으로서의 그리스도는 우리가 아는 구약의 방법대로 제사를 드리지 않으셨는데, 어떤 일을 통해 제사를 드리셨을까요? 그리스도가 제사장으로 오신 목적은 무엇일까요? 중보자이신 자기 자신의 성결로 우리와 하나님을 화해시키시려는 것입니다. 제사장으로서 우리의 죄를 향한 하나님의 진노를 풀고자 제물을 가지고 나오셨는데, 그 제물은 바로 자기 자신, 즉 자신의 죽음이셨습니다. 그리스도의 제사장직이 없었다면 우리는 그분이 주시는 효험과 혜택을 받을 수 없습니다. 예수님께서는 어린양 되신 스스로를 제물로 드리셨습니다. "자기 목숨을 많은 사람의 대속물"(마 20:28)로 주시고자 오셨습니다. 자신의 생명으로 우리를 섬기고자 오셨습니다. 여기에 독특한 점이 있습니다. 스스로가 대제사장이시면서도 금과 은이 아닌 자신의 몸을 희생 제물로 드리시는, 가장 완벽한 제사를 드리셨다는 겁니다.

마지막으로 예수님께서는 왕으로 오셨습니다. 예수님께서는 처음부터 끝까지 왕이셨습니다. 태어날 때 동방에서 온 박사들이 그를 경배하며 왕이라 불렀고, 죽으실 때 그의 십자가에 달린 명패도 왕이었습니다. 그를 구주로 믿는 자는 영원함을 누리게 되는데, 그 영원한 생명을 줄 수 있는 능력이 그에게 있다는 것 자체가 우리 주님이 왕이라는 것을 말해줍니다. 아버지의 모든 좋은 것들이 바로 그리스도의 왕직에서 나옵니다.

그런데 예수님께서 우리의 영원한 왕이 되시기 위해 십자가에서 죽으셨다고 가르치면, 너무 나약하고 힘없는 왕으로 보이기도 합니다. 왜냐하면 일평생 왕을 경험해 본 적이 없기 때문입니다. 왕인데, 다윗의 후손인데, 다윗처럼 왕으로 승

승장구하면 더 믿을만하지 않았을까 하는 것입니다.

하지만 왕으로 오신 예수님의 방식은 달랐습니다. 역설적으로 예수님께서는 가장 낮은 자리로 오심으로 인해 가장 높은 곳으로 오르시는 방법을 택하셨습니다. 하나님께서 그를 만유의 주로 들어 올리시는 방법이었습니다.

왕으로 오신 예수님께서는 실제로 만물의 창조자이십니다. 모든 것을 창조하신 하나님께서는 그가 창조하신 모든 것에 대하여 통치권을 소유하고 계십니다. 그렇다면 그 왕권은 누구를 위해 행해질까요? 그의 택한 백성들입니다. 자신이 선지자와 제사장으로서의 역할을 감당하시고 그 위에 왕으로서 역사하시는 것입니다. 그의 백성들은 바로 그의 교회입니다. 우리 주님은 당신의 교회를 통치하시고 보호하십니다. 그의 몸 된 교회가 마지막 날에 완성될 때까지 그의 왕권이 힘을 발휘합니다. 그의 왕권은 마지막 날에 소멸되는 것이 아닙니다. "하늘과 땅의 모든 권세"(마 28:18)가 승천하시는 예수님께 주어졌습니다. 그는 온 교회의 주인 되실 뿐 아니라 온 우주의 왕으로서 다스리는 권한을 가지고 계십니다. 그리고 마침내 하나님의 이 모든 목적이 성취되면 하나님께로부터 부여받은 그 우주적 왕권은 다시 성부 하나님께로 돌려드려집니다.

예수님께서는 지금도 선지자로서 성령님 안에서 우리에게

말씀하고 계시고, 제사장으로서 하나님 앞에서 우리의 중보자가 되시며, 왕으로서 우리를 보호하십니다. 승천하신 그리스도께서는 하나님 보좌 우편에서 지금도 삼중직을 완벽하게 이행하고 계십니다.

그리스도께서는 기름부음 받은 자로 구약의 선지자와 제사장과 왕으로 이 땅에 오셨습니다. 그리고 그 모든 사역을 성취하셨을 뿐만 아니라 지금도 우리에게 선지자와 제사장과 왕으로 역사하십니다. 사실 이 내용은 우리가 매주일 설교 때마다 듣는 내용입니다. 실제로 예배를 통해 우리가 하나님의 말씀을 듣고, 영적 예배를 드리고, 그의 통치와 보호를 받으며 이 그리스도의 삼중직을 통한 은혜를 직접 받아 누리고 있습니다. 우리는 이것을 먼저 확실히 알고, 마땅히 알아야 할 자들에게 가르쳐야 합니다.

: 웨스트민스터 대교리문답 :

44문: 그리스도께서는 제사장의 직분을 어떻게 행하십니까?

    답: 그리스도께서는 자기 백성의 죄를 속량하시기 위해[2] 자신을 흠 없는 제물로 하나님께 단 번에 드리시고,[1] 자기 백성을 위해 끊임없이 간구하심으로 제사상의 직분을 행하십니다.[3]

1) 히 9:14, 28. **2)** 히 2:17. **3)** 히 7:25.

49문: 그리스도께서는 죽으실 때 자신을 어떻게 낮추셨습니까?

    답: 그리스도께서는 죽으실 때 자신을 다음과 같이 낮추셨습니다. 유다에게 배반당하시고,[1] 제자들에게 버림받으셨으며,[2] 세상으로부터 조롱과 배척을 받으셨고,[3] 빌라도에게 정죄 받으시고, 박해하는 사람들에게 고통 받으셨습니다.[4] 또 죽음의 공포와 어둠의 권세와 싸우시고, 하나님의 진노의 무게를 느끼시고 감당하셨으며,[5] 자기 생명을 속죄 제물로 드리셨고,[6] 십자가에서 고통과 수치와 저주받은 죽음을 견디셨습니다.[7]

1) 마 27:4. **2)** 마 26:56. **3)** 사 53:2-3. **4)** 마 27:26-50; 요 19:34. **5)** 눅 22:44; 마 27:46. **6)** 사 53:10. **7)** 빌 2:8; 히 12:2; 갈 3:13.

59문: 누가 그리스도를 통해 얻는 구속에 참여합니까?

    답: 구속은 그리스도께서 값 주고 사서 주고자 하신 모든 사람에게 확실히 적용되고 효과적으로 전해집니다.[1] 그들은 때가 되면 성령에 의해 복음을 따라 그리스도를 믿게 됩니다.[2]

1) 엡 1:13-14; 요 6:37, 39; 요 10:15-16. **2)** 엡 2:8; 고후 4:13.

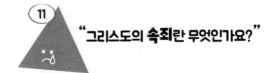

"그리스도의 **속죄**란 무엇인가요?"

그리스도께서 기름부음 받은 자, 즉 구약의 선지자와 제사장과 왕으로서 이 땅에 오셨습니다. 그리고 그 모든 사역을 성취하셨습니다. 그뿐 아니라 지금도 우리에게 선지자와 제사장과 왕으로 역사하십니다.

이제 그리스도의 속죄에 대해 살펴봅시다. 그리스도의 속죄가 왜 필요했을까요? 예수님께서 왜 우리의 죄를 사해야 할까요? 그것이 하나님이 기뻐하시는 뜻이기 때문입니다. 한번은 중등부 아이가 혼잣말하는 걸 들었습니다.

"뭐가 이래!"
"왜? 뭐가 뭐긴?"
"왜 하나님이 기뻐하냐고요?"

"우리한테 죄가 제거되니까."

"그러니까요, 죄를 제거하기 위해 하나님께서 아들을 죽였잖아요! 그게 뭐가 기쁘냐 이 말이에요."

그러자 옆에 듣고 있던 아이가 타박을 주면서 말했습니다.

"방금 말했잖아! 우리 죄를 사하시려고..."

"그러니까, 왜 아들이 죽는데 기쁘냐고?"

그 아이는 버럭 소리를 질렀습니다. 이 아이의 말이 한편으로 이해가 되지 않습니까? 왜 하나님께서는 이 일이 기쁘실까요? 이 아이의 질문이 맞지 않을까요? 남을 살리기 위해서 자기 아들을 죽이며 기뻐하는 부모가 어디 있냐는 말입니다. 솔직히 우리는 남이 죽더라도 내 아이가 살면 속으로 '다행이다'하는 이기적인 마음이 다 있지 않습니까! '뭐가 이래'라고 중얼거린 것은 바로 이 점을 지적하는 것입니다.

이사야 53장 10절을 보면 여호와 하나님께서 어린양 되신 메시아가 고난받기를 원하신다고 하셨습니다. 예수님께서는 유월절 기간에 가룟 유다의 갑작스런 변심으로 대제사장에게 은 삼십에 팔리시고, 군중들의 분노와 원성으로 인해 갑자기 십자가형을 받으신 것이 아닙니다. 그의 십자가형은 군

중들 때문이었지만, 그들에 의해 억지로 죽임 당하신 것만이 아니라 기꺼이 죽고자 하신 것입니다. 그가 고난 받음으로, 그가 드리는 희생제사를 통해, 하나님의 택한 백성들이 누리게 될 영원한 그 나라를 위해 죽으신 것입니다. 예수님께서는 그렇게 구약에 이미 예언된 대로 성취하셨습니다. 영원한 하나님나라를 위해 죽으셨기에, 하나님의 목적이 성취되기 때문에 기쁜 것입니다. 또한 죽임 당한 어린양으로서 우리 예수님께서 그 죽음에 그대로 계신 것이 아니라, 하나님께서 일으키심으로 다시 부활하셨음을 반드시 가르쳐야 합니다. 그래야만 기뻐하시는 하나님이 잔인한 하나님이나 아이러니한 하나님, 요즘 말로 사이코패스적 하나님이 되지 않는 것입니다.

그리스도의 속죄 사역은 하나님의 기뻐하시는 뜻을 위한 것입니다. 왜 하나님께서 그것을 그토록 기뻐하시는지 아십니까? 하나님의 사랑과 공의에 근거하기 때문입니다. 하나님께서는 받을 만한 가치가 없는 죄인들에게 사랑과 은혜를 베푸사 죄의 결과인 사망을 피할 길을 제공하십니다. 그뿐 아니라 의를 성취할 능력 없는 죄인들에게 스스로 공익를 완전히 성취하심으로 의의 길을 제공하십니다. "믿지 아니하는 자는 하나님의 독생자의 이름을 믿지 아니하므로 벌써 심판을 받은 것이니라"(요 3:17-18)고 말씀하셨던 것은 바로 속죄의 공의적 측면을 그대로 보여줍니다.

왜 속죄 사역이 반드시 필요했을까요? 먼저 하나님의 공의가 유지되어야 하기 때문입니다. 부모들이 자녀를 키울 때 늘 고민하는 포인트가 어디에 있을까요? '지금 혼내야 하나? 아님 한번 더 참아야 하나?'이지 않을까요? 인생은 타이밍이라고 하는데, 자녀 양육에 있어서 타이밍 잡는 것이 정말 힘듭니다. 마냥 잘해 주면 기어오르고 만만하게 생각합니다. '오냐오냐 하니까 상투 잡는다'는 말은 하나도 틀린 말이 아닙니다. 한번은 기도를 하는데 한 아이가 기도 사이사이에 '아멘! 주여! 믿습니다!'를 반복하며, 장난스럽게 추임새를 넣는 것입니다. 그래서 기도를 멈추고 잘못을 지적한 후에 다시 기도했습니다. 아이의 잘못된 행동들을 우리는 그냥 지나치지 말고 고쳐주어야 합니다. 이 사회가 법을 어겼을 때 그에 상당한 제재를 가하는 것이 당연하듯이, 우리도 그렇게 해야합니다. 그러지 않고서는 그것이 죄인지 잘못인지 알지 못하기 때문입니다.

거룩하신 하나님께서는 결코 죄를 묵과하실 수 없습니다. 왜냐하면 정직하시고 신실하신 하나님께서는 그가 하신 말씀 앞에서 정직하시고, 그의 말씀을 그대로 이루시는 데 신실하시기 때문입니다. 하나님께서는 그 묵과하실 수 없는 죄에 대한 대가를 요구하실 수밖에 없고, 그의 모든 말씀을 실행치 않은 자들에게는 형벌을 내리실 수밖에 없습니다. 하나님의 말씀과 뜻에 일치하지 않는 자들에게 그의 말씀이 요구하는 모든 것을 충족할 수 있는 대가가 필요합니다. 그것이 바로 속죄 사역이 절대적으로 필요한 이유입니다.

아들이 친구들과 있을 때 자꾸 손으로 밀치는 행동을 한다는 말을 들은 적이 있습니다. 그래서 아들에게 그렇게 '밀치는 거 아니야'라고 혼낸 적이 있습니다. 하지만 혼낸 그 밤에 잠자는 아들의 모습을 보면서 너무나 미안하기도 하고 불쌍하기도 했습니다. 우리 하나님께서도 우리가 너무 불쌍한 것입니다. 우리가 죄의 심각성을 알지 못하고 의를 행지 못하는 것을 아시니 너무 불쌍한 것입니다. 바로 그렇게 불쌍한 우리를 살리기 위해서는 속죄 사역이 절대적으로 필요한 것입니다.

속죄 사역의 특징을 좀 더 살펴봅시다. 먼저 속죄는 하나님을 향한 '보상'이라는 점을 기억해야 합니다. 죄는 하나님의 말씀을 어기는 것입니다. 하나님께 불순종하는 것입니다. 그렇다면 그와 같은 일이 죄라고 할 때, 그 죄로 인해 누가 피해를 볼까요? 하나님이 피해를 보십니다. 물론 하나님은 완전하십니다. 하나님께서는 우리의 죄와 상관없이 언제나 영원토록 완전하십니다. 그 사실은 분명합니다. 하지만 교만한 인간이 하나님의 말을 무시하고 외면하고 지키지 않음으로 인해서, 온 세상으로부터 하나님의 영광과 명예와 존엄에 흠

이 가게 됩니다. 즉, 사람들이 볼 때에 하나님의 말씀의 권위가 실추되고 하나님의 영광이 상실되어 보이는 것입니다. 실상은 완전하신 하나님이시지만, 타락한 사람들 눈에 그렇게 보이는 것입니다. 그렇기 때문에 우리의 이해로는 하나님께서 해를 입으신 것이니 하나님께서 보상을 받으셔야 합니다.

우리는 흔히 속죄의 목적은 인간이 돌이켜서 하나님께로 돌아오게 하는 것이라 말하지만 실상은 그것과 반대입니다. 하나님께서 죄인에게 마음을 돌이키셔야 합니다. 그것이 우선입니다. 예수님의 속죄 사역은 하나님과 인간의 화해를 위함입니다. 바로 그 화해의 사역을 위해 그리스도께서 인간을 대신하여 죽임을 당하신 것입니다. 왜냐하면 인간이 하나님께서 요구하시는 개인적 속죄를 감당할 수 없기 때문입니다. 인간이 죄의 값인 사망을 스스로 감당한다면 어떻게 될까요? 모두가 죄의 결과인 죽음으로 하나님의 의를 만족해야 하고, 결국 하나님나라에 들어갈 수 있는 자는 아무도 없게 됩니다. 그렇기 때문에 참 하나님이시요 참 사람이신 예수님을 인간의 대리인으로 세워서 죄의 형벌을 짊어지게 하시고, 그의 죽음으로 인해 영원한 구원을 이루신 것입니다. 이것을 가리켜 '대리적 속죄'라 부릅니다. 구약에서 반복적으로 행해졌던 짐승을 통한 대리적 속죄가, 아들이신 그리스도를 통해 영원한 속죄가 된 것입니다.

그렇다면 예수님께서 십자가에 못 박혀 죽으심은 누구를 위한 것일까요? 모든 사람일까요? 특정 사람들일까요? 아니면 먼저 행동하는 자들일까요? 예수님의 십자가 보혈은 누구에게 능력으로 나타날까요? 이것이 바로 '속죄의 범위'에 대한 부분입니다. 결론부터 말하자면, 성경은 '제한 속죄'를 말합니다. '제한 속죄'란 그리스도의 속죄 사역은 모든 사람이 아니라 제한된 사람들에게만 적용된다는 의미입니다. 그렇다면 그 '제한된 사람들'은 누구일까요? 그리스도 안에서 선택받은 자들입니다. 그리스도께서는 오직 창세전에 하나님께서 구원하기로 예정한 자들만을 위해서 죽으셨습니다. 모든 사람들이 아닙니다.

만약에 '모든 사람들'이라고 한다면 어떻게 될까요? 믿음으로 구원을 받는데, 믿음 없이 죽는 자들은 어떻게 될까요? 그들도 구원받을 수 있을 것입니다. 왜냐하면 그들도 '모든 사람들'이라는 속죄의 범위 안에 들어가기 때문입니다. 그랬더니한 아이가 이렇게 말했습니다.

> "그러면 예수님을 안 믿어도 구원받는 거 아니에요? 예수님께서는 이미 안 믿는 사람을 위해서도 죽으신 거잖아요! 그러면 교회를 안 다니는 사람만이 아니라 절에 다니는 사람도 구원받을 수 있다는 말이 될 거 같은데요!"

'절에 다니는 사람도 천국 가는 거예요?'라는 질문엔 어떻게 대답할 수 있을까요? 반대로 그리스도의 구속의 능력이 모든 사람들을 위한 것임에도 불구하고 믿음 없이 죽어 지옥에 간다면, 속죄 자체의 효력이 있다고 할 수 있을까요? 없습니다. 그러면 예수님은 전능하신 아버지 하나님보다는 약하기 때문에 '아들'이라 부른다 생각할 수도 있습니다. 결국 그리스도의 구속의 능력에 의심이 생길 것입니다. 그러니 모든 사람을 위한 구원인 만인구원 혹은 보편구원은 받아들이기 어렵습니다.

어떤 사람은 그리스도께서 구원이 가능할 정도로만 속죄 사역을 하신 거라 말합니다. 쉽게 말해 구원의 가능성만 성취하시고, 정작 그 가능성이 결과로 나타나기 위해서는 인간의 행위, 즉 믿음의 행위가 먼저 이루어져야 한다는 것입니다. 정말 그럴까요? 아닙니다. 예수님께서는 실제로 구원이 불가능한 인간의 상태를 가능의 상태로 만드실 뿐 아니라, 나아가 구원하기로 선택된 모든 자들을 실제로 구원하십니다. 오직 자기 백성들, 자신의 양 떼들, 자신이 선택한 자들, 자신의 교회를 위해서 죽으십니다. 다시 말하면, 속죄의 범위는 오직 예정된 자들이며, 속죄의 효과는 가능성이 아니라 실제적인 구원의 성취로 나타납니다.

성경에 나타나는 '만유'(행 3:21), '많은 사람'(롬 5:18-19), '모든 사람들'(고전 15:22, 딛 2:11, 딤전 2:4) 혹은 '세상'(요 3:16)은 구원에 있어서는 '택함을 입은 자'(마 22:14)로 이해하는 것이 바람직합니다. 성경은 성경으로 해석하되, 불분명한 본문은 분명한 본문으로 해석합니다. 따라서 그리스도는 오직 하나님의 기뻐하시는 뜻 안에서 택함 받은 자들만을 위한 것입니다. 그 안에 우리가 포함된다는 것에 감사함과 동시에 늘 두렵고 떨리는 마음으로 우리의 구원을 이루어가야 할 것입니다. 또한 구원의 소식을 기다리고 있는 이들을 위해 늘 기도하며 복음을 전하는 데 더 노력해야 할 것입니다.

그리스도께서는 속죄 사역을 감당하기 위해 성육신하셨고, 그의 속죄 사역은 절대적으로 필요했습니다. 타락한 인간이 자신의 속죄 사역을 감당할 수 없기 때문입니다. 이 일을 하나님께서 기뻐하십니다. 뿐만 아니라 그리스도의 속죄 사역은 모든 사람들이 아니라 오직 하나님께서 구원하기로 택함 받은 자들을 위해 행하셨습니다. 우리는 우리의 다음세대들이 하나님의 기뻐하시는 뜻 안에 있음을 그리스도의 속죄 사역과 설대석으로 관련 있음을 획신헤야 할 것입니다.

67문: 효과적인 부르심이란 무엇입니까?

답: 효과적인 부르심이란 하나님께서 하나님의 전능하신 능력
과 은혜로 이루시는 일입니다.[1] (이것은 택함 받은 사람들에
게 하나님께서 그들을 택하시도록 하나님의 마음을 움직이게
할 무엇이 있어서가 아니라, 전적으로 하나님의 자유롭고 특별
한 사랑 때문에 일어납니다.[2]) 이 효과적인 부르심으로 하나
님께서는 택함 받은 사람들을 그가 기뻐하시는 때에 말씀
과 성령으로[3] 예수 그리스도께 초청하여 이끄시고, 그들
의 지성을 구원에 이르도록 밝히시며,[4] 그들의 의지를 새
롭게 하시고 굳게 결심하게 하셔서,[5] 그들이 (비록 죄 가운
데 죽어 있지만,) 하나님의 부르심에 기꺼이 그리고 자유롭
게 응답하게 하시고, 그 부르심을 통해 제공되고 전달되는
은혜를 받아들이고 마음에 두게 하십니다.[6]

1) 요 5:25; 엡 1:18-20; 딤후 1:8-9. **2)** 딛 3:4-5; 엡 2:4-5, 7-9; 롬 9:11. **3)** 고후 5:20;
고후 6:1-2; 요 6:44; 살후 2:13-14. **4)** 행 26:18; 고전 2:10, 12. **5)** 겔 11:19; 겔 36:26-
27; 요 6:45. **6)** 엡 2:5; 빌 2:13; 신 30:6.

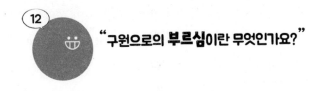

"구원으로의 **부르심**이란 무엇인가요?"

언제 복음을 처음 들으셨나요? 누가 당신에게 복음을 전해 주었습니까? 당신은 그 복음을 듣고 바로 영접했나요, 시큰둥했나요? 혹시 당신이 모태신앙이라면, 혹시 당신의 가족이 어려서부터 교회를 다니며 신앙생활을 했다면, 그들은 언제 진실로 자신의 신앙을 고백하기 시작했을까요? 자녀들이 스스로 고백하는 십자가 복음에 대한 믿음을 당신은 제대로 들어보신 적 있으십니까?

성경은 하나님께서 그의 기뻐하시는 뜻에 따라 창세전에 구원할 자를 선택하셨고, 그가 작정하시고 시작하신 일을 그리스도의 십자가를 통해 성취하셨다고 말합니다. 그리고 우리는 우리가 당연히 그 구원할 자에 포함되어 있다고 생각합니다. 정말 그럴까요?

초신자들은 사도 바울이 말하는 바와 같이 '우리가 그리스도와 함께 십자가에 못 박혔다', '우리가 그리스도와 함께 죽고 함께 살림을 받았다'는 그 사실을 도저히 이해하지 못합니다.

> "제가 예수님과 함께 십자가에서 죽었다고요? 언제요?
> 난 그런 적 없는데! 지금으로부터 2천 년 전이잖아요!"
> "맞아! 그때는 나도 없고, 우리 부모님도 없고, 우리 할아버지 할머니도 없고, 우리 할아버지의 할아버지 할머니도 안 계실 땐데, 어떻게 십자가에서 제가 죽어요? 나는 2000년도 밀레니엄세대로 태어났는데?"
> "그러면 환생인가?"
> "어쩐지 나를 어디선가 본 적이 있다는 생각이 자주 든다니까!"

아이들의 대화입니다. 복음의 놀라운 사건을 아이들에게 설명한다는 것은 참으로 어려운 일입니다. 십자가 사건은 이미 2천 년 전에 일어난 사건인데, 그 사건이 어떻게 나와 관련이 될까요? 어떻게 나의 사건이 되고 우리의 사건이 될까요? 그 오래전 일, 그리스도 안에서 이미 성취된 구원이 어떻게 지금 나에게 적용될까요? 그것은 성령 하나님을 통해서입니다.

성령 하나님께서는 우리를 그리스도의 복음 사건에 참여케 하기 위해서 우리를 부르십니다. 즉, 구원으로 초대하십니다. 하나님의 은혜로 말미암아 그 부르심이 우리에게 허락되고 우리에게 들리는 것입니다.

그 부르심에는 두 가지가 있습니다! '외적 부르심'과 '내적 부르심'입니다. 3년 동안 친구에게 '교회 가자', '예수님 믿자'고 한 뒤 '글 없는 책'으로 복음을 전하여 영접기도까지 마쳤다면, 이 친구가 3년 동안 들은 것은 바로 외적 부르심입니다. 그리고 복음을 다시 듣고 믿게 되는 것이 바로 내적 부르심입니다. '예수님 믿어라'라는 수년간의 말에는 그 어떠한 반응도 하지 않다가, 그가 진실로 믿게 되었을 때 비로소 외적 부르심이 내적 부르심으로 작용된 것입니다. 누구나 들을 수 있는 복음이 내 영혼에 확실히 들리고 싶어지는 것입니다. 성령님의 역사를 통해 그리스도께서 성취하신 구원이 말씀을 방편으로 적용되는 것입니다.

그런데 우리가 반드시 기억해야 하는 것은 성령님의 진정한 부르심, 즉 내적 부르심은 결코 실패하지 않는다는 사실입니다. 이 부르심이 항상 효과적이기에 '유효한 부르심', '효과적 부르심'이라고도 부릅니다. 외적 부르심이 내적 부르심이 되어 그리스도를 통해 하나님께로 돌아가게 하는 것입니다. 이를 구원으로의 부르심이라 말합니다. 성령님을 통해, 오직 말씀을 통해 이루어지는 이 일은 하나님의 나라와 영광을 위한 부르심입니다.

그런데 그 부르심이 진정 성령님의 효과적인 부르심이 되기 위해서는 어떠해야 할까요? '아! 이것이 하나님의 부르심이다. 이것이 구원으로의 초대다'라고 깨달으려면, 나 자신이 이전과 다른 존재로 이미 바뀌어 있어야 합니다. 먼저 새롭게 되어야만 그 부르심이 하나님의 부르심임을 확실히 알 수 있습니다. 그것이 바로 중생이며 거듭남입니다. 거듭난다는 것은 다시 태어난다는 것입니다.

놀랍게도 아이들도 니고데모와 동일한 질문을 합니다.

"저 키 137cm에 몸무게 31kg이에요. 그런데 다시 갓난아기가 되라고요? 어떻게 그게 가능해요? 우리 엄마 죽어요!"

니고데모가 내가 벌써 장성한 사람인데, 어떻게 어머니 뱃속으로 다시 들어가냐는 말을 우리 아이들도 똑같이 합니다.

중생은 육적으로 다시 태어나는 것이 아닙니다. 영적으로 다시 태어나는 것입니다. 성령 하나님을 통해 영적으로 새롭게 새 사람으로 태어나는 것입니다. 성령 하나님께서 우리 마음을 완전히 새롭게 하시기 위해서 옛 마음과 옛 본성을 완전히 갈아엎으시고, 그곳에 그리스도가 성취한 새 생명의 원리를 심어주시는 것입니다. 우리의 전 인격에 영향을 주셔서 우리를 근본적으로 변화시키시는 것입니다.

이 일이 우리에게 어떻게 일어날까요? 우리는 전적으로 타락했기 때문에 거듭남과 관련된 그 어떠한 일도 할 수 없습니다. 그리스도께서 성취하신 구원은 성령님을 통해 우리에게 나타납니다. 성령님께서 직접적으로 역사하시고 성령님께서 즉각적으로 우리에게 은혜 베푸실 때에 비로소 중생의 역사가 일어나는 것입니다.

타락한 우리는 성령님의 이러한 거듭나게 하시는 사역이 아니고서는 결코 하나님을 영화롭게 하거나 즐거워할 수 없습니다. 우리가 하나님의 은혜와 사랑과 자비와 복을 기뻐하기 위해서는, 그와의 교제를 사모하고 그를 영원토록 즐거워하기 위해서는 새로운 영적 존재가 되어야 합니다. 중생이 그 출발점이 됩니다. 새 생명을 누린다는 것은 그리스도 안에서 그 은혜의 삶을 누리는 것입니다. 이전에 사망과 죄악 안에 살던 자들이 그리스도 안으로 옮겨졌으니, 그와 연합되었으니, 이제는 그가 베풀 수 있는 모든 좋은 것들을 다 받아 누릴 수 있게 되는 것입니다.

하나님께서는 우리를 구원으로 초대하시고, 성령 하나님의 사역으로 인해 내적 부르심, 즉 효과적인 부르심으로 우리를 거듭나게 하십니다. 이렇게 거듭난, 즉 새 생명의 원리가 심겨진 우리는 이제 하나님을 영화롭게 하고 그를 즐거워하는 인간 본연의 목적을 실천할 수 있게 되었습니다.

: 하이델베르크 교리문답 :

21문: 참된 믿음이란 무엇입니까?

답: 참된 믿음은 하나님께서 그분의 말씀에서 우리에게 계시하신 모든 것을 진리로 받아들이는 확실한 지식이며,[1] 동시에 성령께서[2] 복음을 통해[3] 제 마음속에 일으키시는 굳은 확신입니다.[4] 이 확신은 순전히 은혜로, 오직 그리스도의 공로 덕분에 하나님께서 죄사함과 영원한 의로움과 구원을[5] 다른 사람뿐만 아니라 저에게도 값없이 주심을[6] 믿는 것입니다.[7]

1) 요 17:3; 롬 4:20-21; 히 11:1, 3; 약 1:6. **2)** 마 16:17; 요 3:5; 행 16:14; 고후 4:13; 빌 1:19. **3)** 막 16:15; 행 10:44; 16:14; 롬 1:16; 10:17; 고전 1:21. **4)** 시 9:10; 롬 4:16-21; 5:1; 10:10; 엡 3:12; 히 4:16. **5)** 눅 1:77-78; 요 20:31; 행 10:43; 롬 3:24; 5:19; 갈 2:16; 엡 2:8; 히 10:10. **6)** 딤후 4:8. **7)** 합 2:4; 롬 1:17; 갈 3:11; 히 10:38.

😁 **"믿음이란 무엇인가요?"**

믿음이 무엇인지 가르쳐 보신 적이 있습니까? 우리가 '예수님을 믿어라! 나의 구주로 영접해라!'라고 말하면서, 그 말을 듣는 사람들에게 믿음을 요구하는 일이 많습니다. 성경학교 때나 수련회에서도 순종적인 아이들에게는 '착하다, 잘한다' 하면서, 겉도는 아이들에게는 그 아이들의 믿음 없음을 나무라거나 다그치는 일들이 많습니다.

한 번은 수련회 때 너무나도 겉도는 한 여자아이와 둘째 날 점심 식사 후 잠깐 이야기를 나누었습니다. 그때 그 아이에게 물었습니다.

> "수련회 많이 힘들지?"
> "괜히 온 거 같아요! 짜증나고 재미없어요"

"왜?"

"나는 믿음이 없는데, 아직 안 믿어지는 걸 어떡하라고요. 아직 안 믿어진다는 이유로 나만 바보 된 느낌이에요. 강사 목사님께서 '영접하라' 소리 지르시는데, 그래도 나는 아직 안 믿어져요. 그래서 짜증나요!"

이 아이가 하는 말이 실은 너무도 솔직했습니다. 툴툴거리던 이 아이의 속마음이 무엇일까요? 자기도 다른 아이들처럼 믿고 싶은데, 뭘 믿어야 할지, 어떻게 믿어야 할지 잘 몰라서 답답해하는 건 아니었을까요?

믿음이란 무엇입니까? 이 아이는 그것이 뭔지 몰라 믿지 못했고, 겉돌며 다른 아이들을 부러워했습니다. 우리는 믿음으로 말미암아 의롭다 일컬음을 받습니다. 성령 하나님께서 선물로 주신 믿음이 마음속에 자리 잡아 우리가 거듭남으로 인해서 '믿음이 선물이구나'를 깨닫게 되는 것입니다. 그렇기 때문에 믿음은 참된 그리스도인에게 있어서 가장 근본적인 요소라 할 수 있습니다. 왜 그럴까요? 믿음이 없이는 하나님을 기쁘시게 할 수 없기 때문입니다. 이것이 우리가 믿음이 무엇인지 알아야 하는 이유입니다.

그렇다면 '참된 믿음'이란 무엇일까요? 참된 믿음이란 하나님께서 자신의 말씀으로 우리에게 계시하여 주시는 모든 내용이 전부 진실하다는 것을 알고 그것을 믿는 것입니다. 그뿐 아니라 성령님에 의해서 복음, 즉 약속의 말씀이 진리임을 확신하는 것입니다. 오직 그리스도를 통해, 오직 은혜로 말미암아 하나님께 죄 사함 받는다는 것을 신뢰하는 것입니다. 복음이 우리에게 약속하는 모든 것을 믿는 것, 그것이 바로 참된 믿음입니다.

이 참된 믿음을 조금 더 세부적으로 살펴봅시다. 여기에는 세 가지 요소가 있습니다. 먼저 하나님의 말씀 안에 계시된 확실한 지식을 '아는 것'입니다. 뭘 믿을지 알아야 믿을 수 있습니다. 믿음이 하나님의 약속에 근거한다는 지식을 알아야 합니다. 지적 요소입니다.

참된 믿음이란 하나님께서 자신의 말씀으로 우리에게 계시하여 주시는 모든 내용이 전부 진실하다는 것을 아는 것입니다. 성경이 하나님께서 우리에게 보이신 자신의 계시의 말씀이요, 모든 말씀이 진실하다는 것을 정말 아십니까? 우리는 성경을 정말로 잘 알고 믿고 있을까요? 하나님께서는 구원에 대한 모든 지식을 압축하고 압축하여 66권의 성경을 주셨습니다. 하나님 입장에서 너무나도 얇은 책임에도 불구하고, 우리는 그 66권을 너무나도 두꺼운 책으로 여기며, 그 내용의 핵심 중에 핵심만을 알고 믿고 있습니다. 그렇기 때문에 성경의 모든 내용이 전부 진실하다고 먼저 판단하고, 그 판단에 이르는 지식을 소유하고 있는지 되물어야 할 숙제가 우리에게 있습니다.

제가 아는 분은 '도대체 교회 다니는 사람들은 무엇을 믿을까?' 하는 궁금증에 성경을 사서 읽다가 교회를 출석하고자 마음을 먹은 분도 계셨습니다. 왜냐하면 하나님의 말씀이 사실로 느껴졌기 때문입니다. 이렇듯 알아야 믿어지는 것입니다. 아는 일에 힘써야 믿음이 더욱 깊어지는 것입니다. 성경은 한 줄로 요약될 수도 있지만, 그렇다고 그 한 줄만 알고 믿어서는 안 될 것입니다.

둘째로, 믿음이란 믿는 바 그 지식이 옳고 확실하다 여기며, 그 지식에 찬성하고 '동의하는 것'입니다. 머리로는 맞는 것 같은데 마음이 안 내키면 믿어질까요? 아닙니다! 믿음은 또한 마음으로 동의하는 것입니다. 감정적 요소입니다.

성경 학교 때 성경 전체의 핵심 내용을 간추려서 사실적으로 설교한 적이 있습니다. 십자가를 지신 예수님께서 갈보리 언덕으로 향하는 설정이었습니다. '십자가에 못 박아라! 왜 너 자신은 구원 못해? 더 힘껏 때려라!'라고 외치며 설교를 했는데, 예수님의 고통당하심이 자신의 아픔으로 다가오는 아이들도 있었고, 반면에 자기 자신이랑 아무런 상관없는 것으로 여기는 아이들도 있었습니다. '연기 잘하네요!'라고 칭찬과 조소가 섞인 말로 반응하는 아이도 있었습니다. 아이들 가운데는 자신을 잃어버린 양으로 생각하는 아이도 있는가 하면, 자신이 그러한 존재인지 몰라서 아무런 감정도 못 느끼는 아이 역시 있었습니다. 그러므로 믿음은 믿는 내용이 진실하다는 것에 대해 동의하는 것입니다. '맞아요! 나도 그것이 진실하다는 것에 동의합니다'라고 표현하는 것입니다.

마지막으로 믿음은 이 모든 것의 핵심이요, 이 모든 것의 근원이 되시는 예수 그리스도를 '신뢰하는 것'입니다. 믿음은 그에게 진실로, 인격적으로 기대어 자신을 맡기는 의지적 요소입니다.

예수님께서 나를 위해 죽으셨습니다. 예수님께서 나의 죄를 다 사하셨습니다. 예수님께서 나를 구원하셨습니다. 예수님께서 나의 구주가 되십니다. 이제 나는 나의 구주요, 내 생명의 주인이신 예수님만 의지하며 살겠습니다. 나는 그분의 것입니다. 나는 그분의 소유입니다. 예수님이 나를 책임지십니다. 이러한 고백이 바로 그 믿는 바에 대해 확신하는 것입니다.

구원을 이루는 참된 믿음의 대상은 누구입니까? 예수 그리스도이십니다. 그 믿음이 주는 약속은 무엇입니까? 영원한 생명입니다. 이 믿음은 결국 하나님으로부터 주어집니다. 믿음이 하나님의 선물이라는 말입니다. 그리고 믿음이 주어진 이후에는 그리스도를 향한 지식을 소유하고, 그리스도를 향한 진리에 동의하고, 그리스도를 향해 인격적으로 의지하며 반복해서 이 믿음의 행위를 지속해 나가야 합니다. 그리스도를 아는 일에 힘쓰고, 그 진리를 알고 '아멘'으로 화답하며, 그 진리 안에 있는 모든 약속에 의지하여 하나님의 자녀답게 살아가야 합니다. 그것이 믿음으로 이 세상을 이기는 자의 삶인 것입니다.

참된 믿음은 하나님의 모든 말씀이 진실하다는 것을 알고, 동의하고, 확신하는 것입니다. 그 참된 믿음이 우리에게 있기를, 우리의 다음세대들에게 심겨지기를 바랍니다. 이 아이들이 믿고 아는 일을 즐거워하고, 믿음으로 하나님께 영광 돌리도록 우리가 가르쳐야 할 것입니다. 우리의 믿음보다 우리 자녀들의 믿음이 더 크고 더 깊고 더 넓기를 소망합니다. 그 흔들리지 않는 믿음으로 하나님께 영광 돌리는 일이 일평생 가득하길 소망합니다.

† 히 11:1-3

1 믿음은 바라는 것들의 실상이요 보이
지 않는 것들의 증거니 2 선진들이 이
로써 증거를 얻었느니라 3 믿음으로 모
든 세계가 하나님의 말씀으로 지어진
줄을 우리가 아나니 보이는 것은 나타
난 것으로 말미암아 된 것이 아니니라

70문: 칭의(의롭다 하심)는 무엇입니까?

답: 칭의는 하나님께서 죄인들에게 값없이 주시는 은혜의 행위입니다.[1] 즉 하나님께서는 죄인들의 모든 죄를 용서하시고, 그들 자신 그대로 하나님 보시기에 의롭다고 받아들이시고 간주하십니다.[2] 이는 죄인들 안에 일어난 어떤 것이나 그들이 행한 어떤 일 때문이 아니라,[3] 다만 그리스도께서 이루신 완전한 순종과 충분한 만족을, 하나님께서 죄인들에게 전가하시고[4] 그들은 이를 오직 믿음으로 받음으로써 그러합니다.[5]

1) 롬 3:22, 24-25; 롬 4:5. 2) 고후 5:19, 21; 롬 3:22, 24-25, 27-28. 3) 딛 3:5, 7; 엡 1:7.
4) 롬 5:17-19; 롬 4:6-8. 5) 행 10:43; 갈 2:16; 빌 3:9.

71문: 칭의가 어떻게 하나님께서 값없이 주시는 은혜의 행위입니까?

답: 비록 그리스도께서는 의롭다 함을 받을 사람들을 대신하여 자신의 순종과 죽으심으로 하나님의 공의에 대해 적절하고 실제적이며 충분한 만족을 드리셨지만[1] 하나님께서는 사람들에게 요구될 보증으로부터 만족을 받으셔야 했습니다. 하나님께서 이 보증으로 자신의 아들이신 그리스도를 주시고,[2] 그리스도의 의를 그들에게 전가하셨습니다.[3] 그리고 그들을 의롭다 하실 때에 믿음 외에는 아무것도 요구하지 않으시는데,[4] 이 믿음 또한 하나님의 선물이므로[5] 그들이 의롭다 함을 받는 것은 하나님께서 그들에게 값없이 주시는 은혜입니다.[6]

1) 롬 5:8-10, 19. 2) 딤전 2:5-6; 히 10:10; 마 20:28; 단 9:24, 26; 사 53:4-6, 10-12; 히 7:22; 롬 8:32; 벧전 1:18-19. 3) 고후 5:21. 4) 롬 3:24-25. 5) 엡 2:8. 6) 엡 1:7.

"칭의란 무엇인가요?"

'이신칭의'란 무엇일까요? 믿음으로 말미암아 의롭다고 칭함 받는 것입니다. 그런데 우리에게는 '의롭다'라는 개념이 낯설게 느껴집니다. 대부분의 사람들에게 '착하다', '못됐다', '좋다', '나쁘다'란 개념은 익숙하지만, '의롭다' 혹은 '불의하다'라는 개념은 잘 와닿지 않기 때문입니다. 심지어 어르신들도 '저 양반은 참 착해', '참 선하고 좋은 사람이야'라고 말하지, '저 양반은 참 의로워'라고 말하지 않습니다. 우리는 '의롭다'라는 개념을 매우 특별한 사람들에게만 사용하곤 합니다.

"얘들아, 칭의란 무엇일까?"
"의롭게 되었다는 것은 무슨 뜻일까? 어떤 변화가 있는 것일까?"
"의롭게 되었다는 게... 그냥 의롭게 된 거 아닌가요?"

143

질문은 다른데 대답이 같다는 것은 그만큼 진리에 대해 잘 모른다는 의미입니다. 이 칭의에 대한 개념은 기독교 신앙에서 가장 중요한 그리고 최소한은 꼭 알고 있어야 하는 개념입니다. 그 이유는 이 개념이 종교개혁자들의 외침이었고, 중세교회가 성경적 교회로 되돌아가는 첫 단추였기 때문입니다.

칭의란 '의롭다 불린다', '무죄라 칭함을 받는다'는 의미입니다. 이는 죄인의 신분에 영향을 줍니다. 우리가 구원받아 거룩한 삶을 살게 되는 모든 것들이 우리 안에서의 변화된 모습이나 갱신의 과정을 말하는 것이라면, 칭의는 '우리 안'이 아닌 '우리 밖'에서 일어나는 일을 말합니다. 우리가 예수 그리스도를 우리의 구주로 믿을 때 우리가 구원받게 되는데, 그때 죄인인 우리가 그 구원에 근거해서, 정확하게는 우리를 구원하신 하나님에 의해서 의롭다고 불리는 것입니다. 우리가 믿기만 했는데도, 태어나서 지금까지 범한 수많은 죄악들을 다 기억도 못하고 다 회개도 못했는데도 우리를 향해 의롭다 여겨 주시는 개념이 바로 칭의입니다.

특별히 이 용어는 어디에서 사용되었을까요? 잘 아시다시피 칭의는 '법정적 용어'입니다. 법정적 용어란, 법정에서 판사가 모든 절차를 다 거친 후에 판결을 내릴 때 사용하는 용어를 말합니다. 모든 혐의에 대해 더 이상 죄가 없고 죄책도 없다는 말입니다. 그렇기 때문에 의로운 상태, 다시 말해 그 사람의 신분이 더 이상 죄인이 아니라는 의미의 최종적 판결을 내릴 때 사용되는 것입니다.

한번은 세례 교육을 하면서 모태 신앙인 아이들에게 '이신칭의'에 대해 설명했습니다.

"너희들은 이제 의인이야!"

"목사님! 솔직히 이신칭의가 무엇인지 정확하게 이해는 잘 안가요. 그런데 제가 믿는 것은 분명하니까, 제가 의인이다 일컬음 받는 것도 분명한 거죠?"

"그렇지. 하나님께서 주신 그 믿음이 자신의 모든 생각과 감정과 의지를 통해 확실하게 고백될 때에 의롭다 칭함을 받는 거지. 그것이 이신칭의야!"

그러자 다른 아이들도 진지하게 질문했습니다.

"그러면 제가 또 죄를 지으면 어떻게 돼요? 저 또 죄 지을 거 같은데요."

"맞아! 수련회 때 진짜 은혜 많이 받고도 며칠 못 가거든요. 만약 이 교육이 끝나고 나서 제가 또 죄를 지으면, 이신칭의가 없어지는 건가요?

"무효되는 거 맞죠? 죄 지으면 의로운 게 아니잖아요!"

어떻게 생각하십니까? 믿을 때 의롭다 함을 얻었는데, 내가 다시 믿음이 약해지고 온전치 못하게 되어 죄를 지었다면 그 이신칭의는 취소되는 것일까요? 아닙니다. 우리에게 참된 믿음이 주어진 후로는 '너는 의인이야'라고 칭하여진 상태가 계속해서 지속됩니다. 한 아이가 물었습니다.

> "목사님도 죄 지어요?"
> "목사인 나도 죄를 짓지! 그러기 때문에 죄인이고,
> 죄를 용서받았기 때문에 의인이야. 그것이 하나님의 은혜야!"
> "오! 대박! 목사님은 죄 안 지을 줄 알았는데!"

아이다운 질문입니다. 목사이기에 죄를 안 지을 것 같다는 것입니다. 하지만 그렇지 않습니다. 그렇다면 우리가 믿는다 하면서도 반복해서 죄를 짓는 이유는 무엇일까요? 여전히 타락된 본성 가운데 죄와 싸우며 살기 때문입니다. 현재의 나와 의롭다 함을 얻은 나 사이에는 믿음이 있고 없고의 차이, 불의한 자에서 의로운 자가 되었다는 그 영적 신분의 차이만 있을 뿐입니다. 우리의 실제 모습은 그대로이기 때문에, 믿은 이후 죄를 짓더라도 하나님 앞에서 죄인이라는 사실은 분명합니다. 그러나 그 죄가 우리의 의인이라는 신분을 빼앗아 갈 수 없습니다. 왜냐하면 이미 그리스도로 말미암아 우

리 자신이 죽을 때까지 우리의 모든 죄가 용서받았다는 것을 우리가 믿음으로 고백하기 때문입니다. 우리가 그분을 믿을 때에는 모든 죄책이 제거되어 완전히 의롭게 된 신분으로서 의인이라 일컬어지는 것입니다.

사도 바울 역시 복음을 말하고, 이신칭의를 말하고, 진리 안에 자유케 됨을 말하면서도 "오호라 나는 곤고한 사람이로다 이 사망의 몸에서 누가 나를 건져내랴"(롬 7:24)고 말했습니다. 왜일까요? 지금 복음을 로마 교인들에게 가르치고 선포하는 그 역시도 죄를 반복해서 짓고 있기 때문입니다.

우리는 그리스도께서 성취하신 그 의로 인해서 의롭다고 인정받습니다. 그리스도가 의롭기 때문에 그 의에 힘입어 우리 역시도 의롭다 칭함을 받습니다. 그리스도께서 우리의 머리, 우리의 대표자, 우리의 중보자가 되시기 때문입니다.

우리는 마지막 날에 하나님의 심판대 앞에 서게 됩니다. 그때 우리의 중보자 되신 예수님께서 우리 앞에 서서 우리를 대변하실 것입니다. 이때 우리는 하나님의 최후 심판대 앞에서 법정적으로 의롭다 칭함을 받는 것입니다. 이것이 이신칭의의 근본 의미입니다.

이제 의롭다고 칭함받게 된 우리는 하나님의 의가 달린 존재로서 거룩하고 순결한 삶을 살고자 노력해야 합니다. 또한 반드시 성화의 삶을 살아야 합니다. 물론 여전히 우리 안에 오염되고 타락한 부분들이 있습니다. 하지만 믿음으로 그리스도의 의를 덧입은 우리는 그것들을 점진적으로 반복하여 제거할 뿐 아니라, 하나님께 점진적으로 반복하여 헌신하게 됩니다. 거듭나 의인이라고 칭함받은 우리 안에 죄와 사망이 아닌 의와 생명의 원리가 심겨지기 때문입니다. 그렇다 할지라도 우리 스스로 완전한 상태에 이를 수는 없습니다. 그럼에도 완전한 삶을 좇아가는 것이 바로 의인으로 여겨진 자의 삶의 방향입니다. 죄된 모습은 계속해서 제거하고, 거룩해져 가는 모습을 계속해서 실천하는 방향으로 살아야 합니다. 그것이 하나님의 권고하심에 순종하는 삶이며 그리스도 안에서 성화되어 가는 삶인 것입니다. 무엇보다도 우리의 다음세대들이 이신칭의의 믿음으로 성화의 삶을 계속해서 살도록 끊임없이 권면하고 돌보아야 할 것입니다.

† 롬 5:1
그러므로 우리가 믿음으로 의롭다 하
심을 받았으니 우리 주 예수 그리스도
로 말미암아 하나님과 화평을 누리자

: 하이델베르크 교리문답 :

54문: "거룩한 공회"에 관해 당신은 무엇을 믿습니까?

　답: 저는 하나님의 아들께서[1] 태초부터 세상 끝날까지[2] 온 인
　류 가운데서[3] 영원한 생명을 받도록 택하신[4] 교회를[5] 참
　된 믿음으로 하나가 되도록[6] 자신의 말씀과 성령으로[7] 모
　으시며 지키시고 보호하신다는 것을 믿습니다.[8] 저는 지
　금 이 교회의 살아 있는 지체이며,[9] 앞으로도 영원히 그러
　할 것을 믿습니다.[10]

1) 요 10:11; 엡 4:11-12; 5:25-26. **2)** 시 71:17-18; 사 59:21; 고전 11:26. **3)** 창 26:4; 사
49:6; 롬 10:12-13; 계 5:9. **4)** 롬 8:29-30; 엡 1:3-5, 10-14; 벧전 2:9. **5)** 시 111:1; 행
20:28; 딤전 3:15; 히 12:22-23. **6)** 요 17:21; 행 2:42; 고전 3:16; 엡 4:3-6, 13. **7)** 사 59:21;
롬 1:16; 10:14-17; 엡 5:26. **8)** 시 129:4-5; 마 16:18; 요 10:16, 28. **9)** 고전 12:27; 벧전
2:5. **10)** 시 23:6; 요 10:28; 롬 8:35-39; 고전 1:8-9; 벧전 1:5; 요일 2:19.

55문: "성도가 서로 교통하는 것"이 가리키는 의미는 무엇입니까?

　답: 첫째, 모든 성도는 각각 그리스도의 지체로써 그리스도와
　그리스도께 속한 모든 부요함과 모든 은사에 참여하게 됨
　을 믿습니다.[1] 둘째, 각 성도는 자신의 은사를 다른 지체
　의 유익과 구원을 위하여 언제라도 기쁨으로 사용해야 할
　의무가 있음을 알아야 합니다.[2]

1) 롬 8:32; 고전 6:17; 12:12-13; 요일 1:3. **2)** 고전 12:21; 12:31-13:7; 빌 2:2-5.

66문: 성례는 무엇입니까?

답: 성례는 하나님께서 제정하신 것으로 눈으로 볼 수 있는 거
룩한 표와 인입니다. 하나님께서 성례를 제정하신 이유는
성례의 시행을 통해 우리에게 복음의 약속을 더욱 풍성히
선언하고 확증하시기 위함입니다.[1] 이 복음의 약속은 그리
스도께서 십자가 위에서 단번에 이루신 속죄로 말미암아
하나님께서 우리에게 죄사함과 영생을 값없이 베푸신다는
것입니다.[2]

1) 창 17:11; 신 30:6; 사 6:6-7; 54:9; 겔 20:12; 롬 4:11. **2)** 레 6:25; 마 26:28; 히 9:7, 9, 24;
10:10.

85문: 교회가 권징을 시행할 때 천국은 어떻게 열리고 닫힙니까?

답: 그리스도의 명령에 따라 열리고 닫힙니다. 그리스도인이
라 불릴지라도 교리와 생활에서 그리스도인답지 않게 행
하며, 형제들의 계속되는 권면에도 불구하고 자신의 잘못
과 사악한 행위에서 돌이키지 않는다면 그들은 교회, 곧
교회가 이 일을 위해 임명한 직분자들에게 보고되어야 합
니다. 그들이 교회의 권고를 듣고도 돌이키지 않으면 그들
을 성례에 참여하지 못하게 하여 교회 공동체 밖에 두어
야 합니다. 이런 사람들은 하나님께서도 친히 그리스도의
나라에서 쫓아내십니다.[1] 그러나 그들이 참된 회개를 약
속하고 증명해 보이면 그들을 그리스도의 지체와 교회의
회원으로 다시 받아들입니다.[2]

1) 마 18:15-18; 고전 5:3-5, 11; 살후 3:14-15; 딤전 5:20; 요이 1:10-11. **2)** 눅 15:20-24; 고
후 2:6-8.

"교회란 무엇인가요?"

예수님을 구주로 영접한 자들이 함께 모여 공동체를 이룰 때, 우린 이것을 가리켜 신앙 공동체인 '교회'라 부릅니다. 교회는 하나님께서 택한 백성들이 모여 하나님을 예배하는 곳입니다.

　하나님께서 죄와 사망에 사로잡힌 자들을 부르신 목적이 무엇일까요? 그들을 구원하여 하나님을 예배하게 하는 것입니다. 그 예배로 부르심을 받은 자들 혹은 믿는 자들의 무리가 교회입니다. 저는 교회를 가르칠 때마다 교회가 무엇인지에 대해 아이들에게 매번 질문합니다.

"교회가 뭘까?"
"예배하는 곳이요."
"예수님을 믿는 사람들이 모여 있는 곳이요."

이렇게 비교적 정확하게 대답한 아이들도 있는 반면에 다르게 답하는 아이들도 있습니다.

"교회요? 여기잖아요, xx동 xx번지 3층이요."

맞습니다. 아이들은 교회를 학교나 학원이나 마트와 같이 '건물'로 생각하기도 합니다.

한동안 교회를 나오지 않던 아이한테

"너 왜 교회 안 나오니?"

라고 하면, 아이들이 뭐라고 대답할까요?

"교회요? 교회 끊었어요!"

라고 합니다. 하루는 너무나도 안타까운 마음에

"왜 너 맘대로 교회를 끊는데? 왜?"

하며 화를 낸 적이 있습니다. '끊다'는 것 역시도 장소적인 개념이 농후하다 할 수 있습니다.

그렇기 때문에 우리는 아이들에게 교회의 대한 인식을 건물이나 장소적 개념으로 말하기보다는, 예배하는 자들의 모임으로 강조하여 말해야 합니다. 얼마나 크고 좋은 건물이냐, 얼마나 많은 사람이 모이느냐가 중요한 것이 아닙니다. 하나님의 백성들이 함께 모여 신령과 진정으로 예배하는 곳임을 강조해야 합니다. 머리 되신 그리스도와 몸 된 그의 택한 백성들인 교회는 무형적이고 영적인 공동체임에 그 본질이 있습니다.

그렇다면 지상에 있는 모든 교회들이 다 참된 구원 공동체일까요? 그렇지 않습니다. 우리 교회에 출석하는 모든 사람들이 다 구원받은 자들일까요? 장담할 수 없습니다. 그럼에도 불구하고, 아이들에게 예수님을 향한 참된 믿음을 소유하기를 바라는 마음으로 '그리스도를 믿는 우리는 구원받은 자들이야! 우리가 교회야!'라고 말하곤 합니다.

하루는 한 중학생 아이가 보통 사람들이 '인(In)서울', '인수도권', '인경기도'라고 말하듯이 자신과 교회와의 관계를 다음과 같이 말했습니다.

> "나는 인(In)교회야!"
> "너만 인교회냐? 나도 인교회다!"

옆에 있던 다른 아이가 따라하자, 그 옆에 있던 또 다른 아이가 장난치며 말했습니다.

"너는 인교회 아니지! 솔직히 너는 아직 아니지 않나?"
"그럼 나는 아웃(Out)교회냐?"

이렇게 말하며 서로 웃었던 적이 있습니다.

그렇다면 어떠한 교회가 참된 교회일까요? 참된 교회와 거짓 교회를 구분 지어 말하는 것은 참으로 어렵습니다. 이단과 비교할 때 기성교회가 참된 교회라 말하는 것은 납득이 쉽게 되지만, 기성 교회 간에 혹은 기성 교회의 성도들 안에서는 매우 조심스러운 부분이 아닐 수 없습니다.

우리는 예배 때마다 사도신경에서 교회를 '거룩한 공회'로 고백합니다. 이를 풀어서 말하면, '하나의 거룩한 사도적 보편 교회'입니다. '하나'라는 말은 '무형교회'를 의미합니다. 그리스도와 한 몸을 이루었다는 말입니다. '거룩'이라는 말은 완전하신 그리스도로 말미암아 거룩하게 되고 그와 연합하여 거룩을 유지한다는 말입니다. '사도적'이라는 말은 베드로의 천국열쇠가 전수된 사도권을 말하는 것이 아닙니다. 사도들의 신앙과 그들의 가르침 위에 세워진 신앙 공동체라는 말입니다. '공회'에서 '공'은 '보편적이다'라는 의미입니다. 그렇다고 해서 단순히 전 세계에 퍼져있는 많은 회원들을 뜻하는 것이 아닙니다. 모든 시대, 모든 지역, 모든 신자들을 포함한다는 말입니다. 이것이 교회의 속성입니다. 예수 그리스도의 영적인 지체가 교회의 본질이고 그 교회가 하나의 거룩한 사도적 보편 교회라는 것이 교회의 속성입니다.

지상의 모든 교회들이 완전히 하나를 이루고 완전히 거룩하다고 쉽게 말하긴 어렵습니다. 이것은 전적으로 무형적 교회의 대한 정의입니다. 그렇다면 유형적 교회에 대한 참된 기준은 무엇일까요? 이것을 가리켜 '참된 교회가 나타내는 표지'라고 하는데, 여기에는 세 가지가 있습니다.

첫째로 말씀의 참된 전파입니다. 하나님의 말씀이 성경의 진리와 일치된 가운데 우리의 믿음과 행위에 영향을 끼치느냐를 말하는 것입니다. 아이들이나 어른들에게 '좋은 설교가 뭘까요?'라고 물으면 '3등이 짧은 설교', '2등이 재미있는 설교', '1등은 짧고 재미있는 설교'라고 대답합니다. 그렇다고 해서 길고 재미없는 설교가 결코 나쁜 설교는 아닙니다. 한 편 하나님의 말씀을 온전히 드러내기 위해 최선을 다해 전하는 설교는 좋은 설교일 수 있지만, 아무리 짧고 재밌다 하더라도 하나님의 말씀을 자의적으로 해석한다면 이는 나쁜 설교가 될 수 있습니다.

둘째로 성례의 정당한 집행입니다. 성례란 '세례'와 '성찬'

이 두 가지를 말합니다. 즉, 세례와 성찬이 은혜의 방편으로써 말씀의 참된 전파와 관련하여 정당하게 집행되느냐가 중요합니다. 적지 않은 교회들이 중학교 2학년이 되거나 교회 등록 후 몇 개월이 지난 학생들에게 세례를 베풉니다. 때론 자신들이 무엇을 믿고 고백하는지에 대한 엄격한 검증 없이 '앞으로 잘하세요'라는 권면의 문답을 주고받는 것으로 검증을 대신하기도 합니다. 특정 기간이 되었다는 이유로 신앙고백의 검증을 소홀히 하고 세례만을 베푸는 것은 마땅히 고민해야 할 부분입니다. '친구들이 받을 때 받아야 한다', '누군 받고 누군 안 받고 하면 상처 받는다' 등의 말들은 성례의 참의미를 모르는 데서 나오는 말들입니다.

어떤 나라로 이주하여 살고자 할 때, 그 나라의 시민권을 소유하기 위해서는 검증을 위해 거기서 실시하는 시험을 통과해야 합니다. 그 시험에 합격함으로 시민으로서의 자격과 권한이 주어집니다. 교회에서는 신앙고백이 바로 하나님나라의 백성이 되는 자격과 권한을 획득하는 수단이 됩니다.

세례를 받고 성찬에 참여하는 것은 오직 같은 신앙을 소유한 가족만이 할 수 있는 일입니다. 아무리 오랫동안 봐온 사이라 하더라도, 아무리 오랫동안 교회를 출석한 사람이라 하더라도, 세례 교인이 아니라면 손님은 손님일 뿐입니다. 누군가를 나의 가족으로 받아들이는 일은 결코 쉬운 일이 아니지 않습니까! 그러니 참된 신앙고백 위에 성례가 합당하게 집행되느냐가 바로 참된 교회의 표지입니다.

셋째로 권징의 신실한 시행입니다. 말씀이 선포되고 성례가 정당하게 집행된다면, 우리가 그 말씀을 잘 지키며 살고 있는지, 세례와 성찬의 합당한 삶을 살고 있는지 돌보는 일이 바로 권징입니다. 코치가 선수들의 모습을 관찰하고 그들의 잘못된 자세를 교정하여 주듯이, 권징은 성도들을 온전케 하는 중요한 수단입니다. 바로 이 말씀 전파, 성례 집행, 권징 시행을 위해 교회에 직분자들을 두는 것입니다. 이것은 그리스도의 몸을 온전케 하기 위함입니다. 항상 존재해야 하는 직분으로는 목사, 장로, 집사 이 세 직분이 있습니다. 이들을 통해, 그리고 온 성도가 합력하여 우리가 몸담은 교회가 참된 하나님의 교회가 되도록 서로를 섬겨야 합니다. 직분은 권위와 위계가 아닌, 하나님의 섭리와 사랑을 드러내는 교회를 위한 하나님의 선물입니다.

우리는 다음세대들과 새가족들이 참된 교회 구성원이 되길 원합니다. 그렇다면 우리는 그들에게 교회가 무엇인지, 무엇을 행하는 곳인지 가르치고, 그 교회의 순수성을 어떻게 보존할 것인지를 고민해야 할 것입니다. 교회는 결코 건물도, 단순한 친목 단체도, 명예 조직도 아닙니다. 교회는 하나님을 예배하는 자들의 거룩한 모임입니다. 이곳이 그리스도인들이 모여 오직 하나님께 예배하며 영광 돌리는 목적을 실행하는 곳임을 반드시 가르쳐야 합니다.

: 웨스트민스터 대교리문답 :

87문: 우리가 부활에 대해 믿어야 할 것은 무엇입니까?

답: 우리는, 마지막 날에, 죽은 자는 의인과 악인 가릴 것 없이 모두 다 부활할 것을,[1] 그때 살아 있는 사람들은 순식간에 변화될 것을, 그리고 무덤에 묻혀 있는 죽은 사람들의 바로 그 몸이 그들의 영혼과 영원히 다시 연합되어 그리스도의 권능으로 일어나게 될 것을 믿어야 합니다.[2] 의인의 몸은 그리스도의 영과, 그들의 머리되시는 그리스도의 부활에 힘입어, 권능 가운데 신령하고 썩지 않는 몸으로 일어나 그리스도의 영광스러운 몸과 같이 될 것입니다.[3] 그러나 악인의 몸은 분노하는 심판관이신 그리스도에 의해 수치 가운데 일어날 것입니다.[4]

1) 행 24:15. 2) 고전 15:51-53; 살전 4:15-17; 요 5:28-29. 3) 고전 15:21-23, 42-44; 빌 3:21. 4) 요 5:27-29; 마 25:33.

88문: 부활 직후에 무슨 일이 일어납니까?

답: 부활 직후에는 천사들과 사람들 모두에게 최후의 심판이 있을 것입니다.[1] 그 날과 그 때는 아무도 모르기에 모두 깨어 기도하면서 주님의 오심을 항상 준비해야 합니다.[2]

1) 벤후 2:4; 유 1:6, 7, 14, 15; 마 25:46. 2) 마 24:36, 42, 44; 눅 21:35-36.

89문: 심판 날에 악인들에게는 무슨 일이 일어납니까?

답: 심판 날에 악인들은 그리스도의 왼편에 있게 될 것입니다.[1] 분명한 증거와 그들 자신의 양심이 보여주는 충분한

확증에 의해[2] 무시무시하면서도 공의로운 정죄의 판결이 그들에게 선고될 것입니다.[3] 그리고 곧 그들은 하나님의 은혜로우신 얼굴과, 그리스도와 그의 성도들과 모든 거룩한 천사들과의 영광스러운 교제로부터 내쫓겨 지옥으로 던져질 것입니다. 거기서 그들은 그들의 몸과 마음이 모두, 마귀와 그의 사자들과 함께, 말로 다할 수 없는 고통의 형벌을 영원히 받을 것입니다.[4]

1) 마 25:33. **2)** 롬 2:15-16. **3)** 마 25:41-43. **4)** 눅 16:26; 살후 1:8-9.

90문: 심판 날에 의인들에게는 무슨 일이 일어납니까?

답: 심판 날에 의인들은 구름 속의 그리스도에게로 끌어 올려져[1] 그리스도의 오른편에 있게 될 것입니다. 거기서 그들은 공개적으로 인정받고 무죄 선고를 받아,[2] 그리스도와 함께 버림 받은 천사들과 사람들을 심판할 것입니다.[3] 그리고 의인들은 천국에 들어가게 되는데[4] 거기서 모든 죄와 비참으로부터 완전히 그리고 영원히 자유롭게 될 것입니다.[5] 그리고 상상할 수도 없는 기쁨 가운데 있게 되고,[6] 몸과 영혼이 완전히 거룩하고 행복하게 되며, 무수한 성도와 거룩한 천사의 무리 가운데서,[7] 특히 성부 하나님과 우리 주 예수 그리스도와 성령 하나님을 영원히 직접 대하여 뵈면서 누릴 것입니다.[8] 이것이 보이지 않는 교회의 지체들이 부활과 심판 날에 영광 중에서 그리스도와 누릴 완전하고 충분한 교제입니다.

1) 살전 4:17. **2)** 마 25:33; 마 10:32. **3)** 고전 6:2-3. **4)** 마 25:34, 46. **5)** 엡 5:27; 계 14:13. **6)** 시 16:11. **7)** 히 12:22-23. **8)** 요1 3:2; 고전 13:12; 살전 4:17-18.

"종말이란 무엇인가요?"

우리는 예수 그리스도로 인한 구원의 복음을 전합니다. 그런데 왜 우리는 구원을 얻어야 할까요? 불신자들에게 복음을 전할 때, 예수님을 믿어야 하는 이유를 무엇이라 설명해야 할까요? 그 주요한 이유 중 하나가 바로 죽음입니다. 죽음 자체가 주는 공포가 우리에게 매우 클 뿐만 아니라, 그것은 반드시 우리에게 실재가 되기 때문입니다.

죽음이 막연한 개념이고, 마치 오지 않을 순간으로 여겨질지 몰라도, 우리는 주변 사람들을 통해 죽음이 있음을 경험하고 있습니다. 뿐만 아니라, 죽음의 슬픔을 넘어 죽음 이후의 세계에 대한 무지가 주는 두려움이 있습니다.

죽음이란 무엇일까요? 보통 호흡이 끝나는 육체적 죽음을 말합니다. 어린 자녀들에게 아픔이 무엇인지에 대해 설명하기도 어려운데, '죽음'을 말한다는 것은 더더욱 쉽지 않습니다. 물론 아이들은 가족들의 죽음 혹은 반려 동물의 죽음을 통해서 죽음이 무엇인지 느끼곤 합니다. 무엇을 느낄까요? '슬픔', '함께 하지 못함', '헤어짐', '반응 없음'과 같은 것들입니다.

하지만 그리스도인인 우리는 죽음을 어떻게 가르쳐야 할까요? 죽음은 죄에 대한 고통이며 아픔입니다. 그리고 다시는 죽지 않는 영원한 생명의 성취로 들어가는 문입니다. 이 사실을 가르쳐야 합니다.

어린 나이에 아버지를 잃었던 한 아이가 이런 말을 한 적이 있습니다.

> "우리 아빠는 병원에서 몇 달 동안 계시다가 돌아가셨어요. 그때 엄마가 하는 말이, 이제 아빠 안 아프다고, 이제 아빠 진통제 안 맞아도 된다고, 먼저 천국 간 거라고 하셨어요."
> "마음이 많이 아팠겠다. 아빠 많이 보고 싶지?"
> "친구들이 아빠 이야기할 때 가끔씩 보고 싶어요. 그런데 그렇게 마음 아프지는 않아요. 아빠가 이제는 안 아프잖아요!"

가슴 찡한 이야기가 아닐 수 없습니다. 그리고 너무나도 정확한 표현입니다. 더 이상 함께하지 못한다는 사실이 우리에게는 큰 슬픔이지만, 고통이 끝나고 다시는 아프지 않다는 사실이 소망이 됩니다.

모든 사람들은 한 번은 죽게 되어 있습니다. 이는 죄의 결과요, 하나님이 세우신 원리입니다. 나를 대신해서 죽으신 그리스도를 구주로 영접했다 하더라도 말입니다. 반면 그리스도의 죽음은 죄에 대한 죽음입니다. 우리의 죽음은 형벌이지만, 그리스도의 죽음은 하나님의 말씀을 성취하는 것입니다.

우리는 죽고 나면 어디에 가게 될까요? 오직 천국과 지옥! 이 두 곳밖에 없습니다. 연옥과 같은 다른 제3의 장소는 없습니다. 우리는 환생하지도 않습니다.

교회는 부자와 거지 나사로의 비유(눅 16:19-31)가 주는 교훈을 많은 이들에게 계속해서 전해 주어야 합니다. 두 사람이 같은 날 죽었을 때, 부자는 음부에 나사로는 아브라함의 품에 있었습니다. 아브라함은 육체적 죽음 이후 하나님나라에 살고 있는 살아있는 존재입니다. 뿐만 아니라 예수님께서 십자가에 달려 죽으실 때 한편 강도에게 하신 말씀도 "오늘 네가 나와 함께 낙원에 있으리라"였습니다. '오늘'은 '죽는 즉시'를 말하고, '낙원'은 '하나님나라'를 말하며, '나와 함께'는 예수님께서 계시는 곳을 말합니다. 예수님께서는 스데반의 목격을 통해 알 수 있듯이, 하나님 보좌 우편에 계십니다. 낙원은 하나님나라의 다른 표현입니다. 육체적 죽음 이후 영원히 수면 상태에 들어간다거나 악인은 그 죄악으로 인해 불멸성이 박탈당하여 멸절된다거나 하는 주장들은 모두 거짓입니다. 그리고 육체적 죽음 이후에 한번 지옥에 던져질 존재가 다시 그리스도의 자녀가 되는 기회는 없습니다. 그 이후에는 영원한 심판만 있을 뿐입니다. 부자가 아무리 탄식을 하더라도 그 탄식은 아직 살아있는 자신의 가족들에게 전해지지 않습니다.

사람들은 종종 죽으면 '귀신이 되는 거 아니냐'고 묻습니다. TV, 영화, 그리고 웹툰이나 오락물에서 귀신이 소재로 많이 나오기 때문에 그런 듯합니다. 공포스러운 귀신, 사랑스런 귀신, 슬프고 불쌍한 귀신 등 다양한 모습의 귀신들을 우리는 쉽게 접하게 됩니다. 그런데 이들 대부분은 사람이 죽고 난 이후에 귀신이 된 존재로 묘사됩니다. 물론 귀신은 있습니다. 하지만 귀신은 인간이 죽고 나서 되는 존재가 아닙니다. 인간 창조 전에 타락한 천사의 무리들이 바로 귀신들입니다. 그렇기 때문에 인간은 죽어서 귀신이 되어 떠도는 것이 아니라 천국 혹은 지옥으로 가서 그리스도의 재림 때까지 머물게 됨을 기억해야 합니다.

우리는 마지막 날이 언제가 될지 알지 못합니다. 하지만 그 마지막 날은 그리스도의 재림으로 임합니다. 그렇다면 예수님께서는 어떠한 모습으로 재림하실까요? 승천하신 모습

그대로, 부활의 몸으로, 육체로, 다시 오셔서 하늘 영광 가운데 모든 사람들이 보는 앞에 재림하실 것입니다.

그리스도의 재림을 통해서는 만물의 영원한 상태가 도래합니다. 살아 있는 자와 죽은 자의 부활, 최후 심판을 통해서 영원한 상태가 우리에게 주어집니다. 그것이 바로 재림의 목적입니다. 세상이 큰 배도와 환란을 겪게 되고, 적그리스도가 출연하여 교회를 핍박하고, 그러는 와중에 복음은 더더욱 전파될 때에, 정말로 그 마지막 때에 그리스도께서는 하늘의 구름을 타고 모든 사람들이 보이도록 오실 것입니다.

하지만 한국에만 자신이 성경에서 예언한 바로 그 '재림주'라고 말하는 사람들이 신천지의 이만희를 비롯해 50여 명에 달합니다. 성경에서의 재림주와 이들의 다른 점은 무엇일까요? 성경에 나타난 재림주는 공중에 구름을 타고 임하십니다(눅 21:27-28, 행 1:11). 홀로 임하시는 것이 아니라, 천군 천사들과 함께(마 25:31) 모든 사람들이 다 보는 가운데 임하십니다. 그가 보이심으로 말미암아 우리는 그가 약속대로 재림하셨음을 알게 되는 것입니다.

하지만 이단 혹은 사이비들의 주장은 자기 입으로 자신이 재림주라고 주장하는 것에 불과합니다. 전 세계 모든 사람들에게 동시에 보이도록 임해야 하는데, 아무도 모르게 한국의 어느 한 장소에 임했다가 뒤늦게 스스로 주장하는 것입니다.

또한 성경이 말하는 그리스도의 재림 시 이루어져야 했던 최후 심판이, 지금까지 수많은 자칭 재림주들이 왔음에도 진행되지 않았습니다. 다만 자칭 재림주요 영생주라 일컫는 자들이 죽어 사라지는 일들만 반복되고 있을 뿐입니다.

최후의 심판 때 믿는 자는 의롭다 일컬음을 받아 영원한 복락에 이르고, 믿지 않는 자는 불의하다 일컬음을 받고 지옥에서 영원한 저주를 받아 살게 될 것입니다. 천국에서의 의인의 삶은 언제나 하나님과 곧바로 교제를 나누고, 하나님을 예배하는 모든 일에 있어서 완전한 삶을 영원히 살게 될 것입니다. 하나님을 바라보며 그를 새롭게 알아가는 기쁨 충만한 삶을 살게 될 것입니다. 그와 같은 나라가 마지막 날에 임하기 때문에 우리는 '마라나타'라고 외치는 것입니다. 우리의 다음세대들도 '마라타나'의 신앙으로 하나님나라와 그 의를 구하며 살 수 있도록 늘 힘써 도와야 할 것입니다.

† 엡 4:13-14

13 우리가 다 하나님의 아들을 믿는 것과 아는 일에 하나가 되어 온전한 사람을 이루어 그리스도의 장성한 분량이 충만한 데까지 이르리니 14 이는 우리가 이제부터 어린 아이가 되지 아니하여 사람의 속임수와 간사한 유혹에 빠져 온갖 교훈의 풍조에 밀려 요동하지 않게 하려 함이라

에필로그 : 온전한 그리스도인이란 무엇인가요?

우리는 그리스도인으로서 어떠한 삶을 살고 있을까요? 우리는 우리가 있는 곳에서 교회 다니는 사람으로서 인정을 받고 있을까요? 혹시 주변 사람들이 우리의 교회 출석 여부를 모르진 않나요? 만약 안다면, 우리는 우리 주변의 비그리스도인들로부터 칭찬을 듣고 있을까요? '역시 교회에 다니는 사람은 달라!', '교회 다니는 사람이라 그런지 참 모범적이야!'라는 말을 듣고 있습니까? 천국 백성인 우리는 과연 이 땅에서 세상의 빛과 소금과 같은 존재일까요? 이것이 우리의 고민거리가 되어야 합니다.

우리는 '교회'의 빛과 소금이 아닌 '세상'의 빛과 소금입니다. 이것이 온전한 그리스도인의 모습입니다. 또한 '나는 내가 있는 공동체 안에서 빛의 역할을 감당하고 있는가?', '사람들이 나로 인해 무엇이 빛이고 어둠인지 알게 하는 삶을 사는가?', '사람들이 범죄하지 않도록, 사람들이 더 타락하지 않도록 방지턱과 같은 역할을 하고 있는가?', '사람들이 나를 따라 행할만한 삶을 사는가?'를 항상 물어야 할 것입니다. 그렇지 않고 세상 사람들이 볼 때에 내가 오히려 어둠에 속한 것처럼, 맛을 잃은 소금처럼 버려진 존재로 보인다면, 우리는 과연 진정한 의미에서 천국 백성이 맞는지 고민해야 합니다. 그리고 그것은 우리 가정과 교회의 고민이어야 합니다.

우리는 우리의 다음세대들이 어떠한 그리스도인이 되길 원할까요? 우리보다 더 열심히 신앙생활하는 그리스도인이 되길 원할 것입니다. 그렇다면 그 일을 위해 우리는 무엇을 하고 있을까요? 십대들이 대부분의 시간을 공부에 쏟아붓고 있을 때, 그들은 진정 어떠한 마음과 자세로 공부에 임하고 있을까요? 그들이 어느 길을 가고 어떠한 삶을 살 것인지는 사실 부모의 가르침에 많은 영향을 받습니다. 부모가 끊임없이 세상의 기준으로 모든 것을 이야기하면, 그렇게 하는 것이 당연한 듯 여기며 세상적인 삶을 살게 될 것입니다. 하지만 부모가 끊임없이 성경적 기준으로 모든 것을 이야기한다면, 마찬가지로 자연스럽게 그렇게 하는 것이 당연하다고 여길 것입니다.

우리는 가정에서 매일 같이 함께 기도하고 있습니까? 매일 함께 말씀을 읽고 있습니까? '숙제했니? 공부 안 하니?'라는 말과 함께 우리는 '성경 읽었니? 큐티했니? 기도했니?'라는 말도 같이 물어야 합니다. 우리는 우리가 사랑하는 사람들이 어떻게 자기의 신앙을 고백하는지 들어야 합니다. 자신의 구원 받음에 얼마나 감사하는지 서로 물어야 합니다. 그리고 서로가 '기도 좀 해줘'라는 말을 자연스럽게 주고받아야 합니다.

우리의 다음세대들은 성경도 잘 모르고 믿음의 내용에 대해서도 잘 모를 수 있습니다. 부끄럽지만 부모라고 해서 이 모든 것을 다 아는 것도 아닙니다. 아이들이 순수한 시선으로 던지는 질문에 적잖이 당황하는 일이 우리에게 종종 일어납니다. 그때마다 대답할 위치에 있는 우리 자신이 그와 같은 질문들에 진지하게 답하지 못한다면, 어른으로서 부족함을 너무 많이 보인다면, 아이들은 신앙에 있어서 우리에게 더 이상 의지하지 않을 수도 있습니다. 그렇기 때문에 우리는 아이들이 물을 수 있는 질문들에 대해 공부할 필요가 있습니다. 본인 스스로를 위해서도 늘 공부해야 합니다.

신앙은 아는 것이고 신뢰하는 것입니다. 무엇을 믿을 것인지 알아야 하고, 그 내용이 정말로 믿을 만한가를 따져봐야 하고, 그 따진 모든 내용들을 확신하는 데까지 이르러야 합니다. 그렇기 때문에 본질적으로 신앙생활은 성경을 공부하는 일을 등한시하고서는 결코 온전히 행해질 수 없습니다.

'예배 잘 드리는 것으로 충분하지 않은가?'라고 말씀하시는 분도 계신데, 예배는 정말로 기본에 불과합니다. 단순하게 어떻게 예배드리는 것이 잘 드리는 것일까만 고민하지 맙시다. 하나님이 기뻐하시는 참된 예배자는 어떠한 모습인지, 내가 예배하고 내게 은혜 베푸시는 분이 어떠한 분이신지, 예배를 통한 은혜의 방편은 어떻게 주어지는지를 알아야 하는 것입니다. 이것이 신앙의 기본자세입니다.

율법의 핵심인 하나님을 사랑하는 마음은 자연스럽게 사랑하는 대상에 대해 모든 것을 알고자 하는 마음으로 이어집니다. 부모가 자녀에 대해 모든 것을 알고 싶어 하듯이 우리가 하나님을 사랑한다면 하나님에 대해 최대한 알고 싶어 해야 합니다. 그 아는 일에 힘쓰는 것이 바로 신앙생활입니다. 그것이 바로 온전한 그리스도인의 본모습입니다.

우리가 숱하게 들어왔던 것들은 모두 숱하게 공부했던 것들입니다. 이제는 혀끝에서 맴도는 수준에서, 들음에서 멈춰 버린 수준에서 벗어나야 합니다. 우리는 대답해 주고 설명해 주고 묻고 답하는 즐거움을 전해 주는 신앙의 선배가 되어야 합니다. 우리가 누군가에게 신앙을 전수해 준다면 경건의 모양만이 아니라 경건의 능력까지 전해 주어야 합니다. 나의 인생을 송두리째 바꿔놓은 그 복음을 스스로가 먼저 이해하고, 내가 사랑하는 사람들에게, 특히 가장 가까운 사람인 우리 아이들에게 전해야 합니다. 그 배우고 가르치는 일에 온 힘을 다하는 것이 우리의 책임이요 의무임을 기억합시다.

66

신앙의 선배로서
다음세대에게
복음(교리)을
잘 가르치고픈

부모님들에게
교사들에게
모든 분들에게

99